Washington
D.C.

U0010462

個人旅行主張

有人在旅行中享受人生，
有人在進修中順便旅行。
有人隻身前往去認識更多的朋友，
有人跟團出國然後脫隊尋找個人的路線。
有人堅持不重複去玩過的地點，
有人每次出國都去同一個地方。
有人出發前計畫周詳，
有人是去了再說。
這就是面貌多樣的個人旅行。

不論你的選擇是什麼，
一本豐富而實用的旅遊隨身書，
可以讓你的夢想實現，
讓你的度假或出走留下飽滿的回憶。

有行動力的旅行，從太雅出版社開始。

個人旅行 *112*

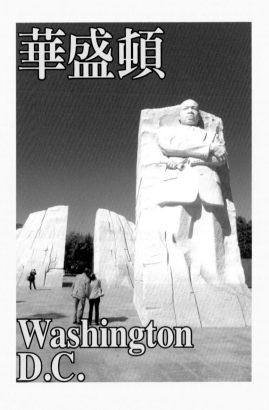

華盛頓

Washington
D.C.

作者◎安守中

太雅出版社

個人旅行 **112**

華盛頓D.C.

目錄

華盛頓D.C.地圖目錄

P.10～11

P.12～13

P.14～15

P.16～17

來自編輯室

使用上要注意的事

出發前，請記得利用書上提供的Data再一次確認

　　每一個城市都是有生命的，會隨著時間不斷成長，「改變」於是成為不可避免的常態，雖然本書的作者與編輯已經盡力，讓書中呈現最新最完整的資訊，但是，我們仍要提醒本書的讀者，必要的時候，請多利用書中的電話，再次確認相關訊息。

資訊不代表對服務品質的背書

　　本書作者所提供的飯店、餐廳、商店等等資訊，是作者個人經歷或採訪獲得的資訊，本書作者盡力介紹有特色與價值的旅遊資訊，但是過去有讀者因為店家或機構服務 態度不佳，而產生對作者的誤解。敝社申明，「服務」是一種「人為」，作者無法為所有服務生或任何機構的職員背書他們的品行，甚或是費用與服務內容也會隨時間調動，所以，因時因地因人，可能會與作者的體會不同，這也是旅行的特質。

新版與舊版

　　太雅旅遊書中銷售穩定的書籍，會不斷再版，並利用再版時做修訂工作。通常修訂時還會新增餐廳、店家，重新製作專題，所以舊版的經典之作，可能會縮小版面，或僅以情報簡短附錄。不論我們作何改變，一定考量讀者的利益。

票價震盪現象

　　越受歡迎的觀光城市，參觀門票和交通票券的價格，越容易調漲，但是調幅不大(例如倫敦)，若出現跟書中的價格有微小差距，請以平常心接受。

謝謝眾多讀者的來信

　　過去太雅旅遊書，透過非常多讀者的來信，得知更多的資訊，甚至幫忙修訂，非常感謝你們幫忙的熱心與愛 好旅遊的熱情。歡迎讀者將你所知道的變動後訊息，善用我們提供的「線上讀者情報上傳表單」或是直接寫信來taiya@morningstar.com.tw，讓華文旅遊者在世界成為彼此的幫助。

 太雅旅行作家俱樂部

關於作者　安守中

　　曾擔任華府國會圖書館(Library of Congress)導覽員，喜愛探索文、史、地理，也熱愛旅遊，本書即為筆者對華盛頓D.C.各主題蒐集大量資料，去蕪存菁後所呈現的深度介紹。畢業於美國猶他州立大學電子系碩士。曾任職務：美國AMD公司SRAM部門、美國TOPAZ公司UPS部門、美國GI公司Video-Cypher部門、美國EBT公司研發部協理。曾經出版《數位電子學》、《ATE 自動化測試系統理論與實務》、《GPS全球衛星定位系統入門》、《GPS全球衛星定位系統原理與實務》等20餘本科普書籍。退休後定居華盛頓D.C.專業從事寫作。

　　Email：alexan_6@hotmail.com

推薦序 / 作者序

推薦序
認識美國首都華盛頓D.C.的一本精采好書

美國首都華盛頓D.C.是美國的歷史名城，政治軍事重鎮，也是世界重要的文化藝術中心。它的地位重要，一般民眾對它卻瞭解有限，坊間介紹華盛頓D.C.的書籍亦不多見，實為憾事。

台灣偏處一隅，必須走向國際化，人們方能有寬闊的世界視野，不至於目光短淺，思維狹隘。旅遊是培養世界觀的有效途徑，值得提倡及鼓勵。旅遊書籍是探索世界的指南，一本優良的旅遊讀物，在旅遊時，可增加對景區地理、歷史、文化背景的瞭解，讓旅遊更富價值與趣味。

守中先生是好友安奎博士次弟，他電子工程專業，性好旅遊，熱衷寫作。退休後旅居華府，遍訪該地名勝古蹟及旅遊景點，並鉅細無遺，蒐集資料，撰寫成書。他文筆流暢，能深入淺出介紹各探訪主題，讀之興趣昂然，欲罷不能。很高興為他寫序，推薦這本認識華盛頓D.C.的精采好書。

國立臺灣博物館館長 陳世賢

作者序

這是一本為華府旅客寫的書，書中介紹了華府聯邦機構、各大博物館、紀念園區，及交通、節慶、人文活動等信息。讀者可根據書中資訊，將自己喜歡的景點串連起來，在出發前規畫好旅遊行程。

這也是一本為想對華盛頓D.C.有更深入瞭解的讀者寫的書。許多來華府的旅客不滿足於來去匆匆，走馬觀花似的在各景點拍照打卡，而想多瞭解一些華府的文化、地理、歷史的背景知識。筆者對各主題蒐集大量資料，去蕪存菁後呈現其豐富內涵。翻閱每個單元，即可得到該主題相關的豐富資訊。

這又是一本可以臥遊的書。華府的每個博物館或名勝古蹟背後，都有精采的故事及大量的知識，這裡記錄了筆者每次往訪時的心得及感受。嚮往美國首都，未能即刻前來，空閒時打開此書就能看到華府的精采片段，及領受其歷史的脈動與文化的精髓。

行萬里路，讀萬卷書，乃人生至樂。旅遊可增長見識，開闊視野，也能培養獨立的個性及堅強的自信。人生一生至少必需來一次的美國首都，歡迎您！

安守中

如何使用本書

本書精彩單元：華盛頓D.C.概述、行程規畫、節慶與活動、住宿美食購物情報、城市特輯、郊區順遊、旅遊黃頁簿等，深度又生動的介紹，可從中獲取許多寶貴的知識，增廣見聞，一網打盡個人旅行之所需。

先作功課的：

【華盛頓D.C.概述】作者旅居華盛頓D.C.，了解華府的歷史、地理、人文特色、政經情勢，幫你掌握第一手在地旅遊資訊。並提供分區一日遊、親子一日遊、自駕一日遊行程規畫，與擴及紐約、波士頓的美東旅遊團介紹。

【旅遊黃頁簿】透過此單元，預先了解出發相關的簽證訊息，以及華府地鐵系統、各種交通工具、特色旅遊方式等，讓遊覽更加順暢。另有銷售稅、小費、超市、時差、治安、電話使用、預付卡、假日與節慶等，免去蒐集旅訊的煩瑣。

邊走邊看的：

【地圖與QR Code】包含華府市區地圖、地鐵圖，郊區景點則只要掃描QR Code，即可輕鬆取得，方便規畫路線。內文介紹的華府市區景點、餐廳、商家、旅館，地圖上幾乎都有標示。

【城市特輯】【郊區順遊】透過分類導覽，將D.C.區分為聯邦機構／博物館／紀念公園等，並延伸至郊區知名景點、國家公園等地。詳實的旅遊情報、豐富的知識分享，讓你知道該怎麼安排交通、停留時間、參觀動線等。

【旅行小抄】【知識充電站】提供延伸知識、名人介紹、景點精華等，透過作者的分享，讓你上知天文、下知地理，旅遊不會只是走馬看花。

【安老師帶你遊D.C.】包含國慶日紀實、喬治城萬聖節、國會圖書館主閱覽室側寫等，宛如作者就在眼前導覽，讓你身歷其境感受華府多元魅力。

需要時查詢的：

【住宿、美食、購物情報】從背包客棧到星級飯店，從路邊快餐車到達官貴人的美食沙龍，從市區的百貨商場到郊區大型Outlet，選擇種類多樣。

內文資訊符號

$ 價格·費用	http 網址
✉ 地址	@ 電子信箱
☎ 電話	FAX 傳真
⏰ 營業·開放時間	休 休息·公休日
MAP 地圖	⁉ 注意事項
➡ 前往方法	⧗ 停留時間

地圖資訊符號

🍴 餐廳	🚌 巴士·巴士站
🛏 旅館住宿	✈ 機場
🏪 購物商店	⚓ 遊輪·碼頭
📷 旅遊景點	🚉 火車站
✚ 醫院	Ⓜ 地鐵站
ℹ 遊客中心	🏛 地標·建築物

公園·綠地	
河川·湖泊	
鐵路	
捷運·地鐵	
高速公路	
一般道路	

城市地圖

景點介紹

旅行小抄

節慶活動

作者導覽

知識充電站

行程規劃

旅遊黃頁簿

住宿情報
美食情報
購物情報

9

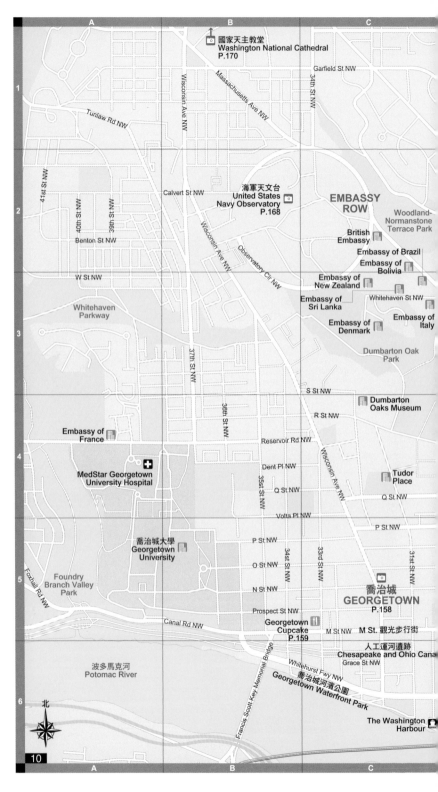

國家天主教堂
Washington National Cathedral P.170

Garfield St NW

34th St NW

Tunlaw Rd NW

Wisconsin Ave NW

Massachusetts Ave NW

41st St NW

40th St NW

39th St NW

Benton St NW

Calvert St NW

海軍天文台
United States Navy Observatory P.168

EMBASSY ROW

Woodland-Normanstone Terrace Park

British Embassy

Embassy of Brazil

Embassy of Bolivia

Embassy of New Zealand

Whitehaven St NW

Embassy of Sri Lanka

Embassy of Denmark

Embassy of Italy

W St NW

Whitehaven Parkway

Wisconsin Ave NW

Observatory Cir NW

37th St NW

Dumbarton Oak Park

S St NW

Dumbarton Oaks Museum

R St NW

36th St NW

Reservoir Rd NW

Embassy of France

Dent Pl NW

MedStar Georgetown University Hospital

35st St NW

Q St NW

Tudor Place

Q St NW

Volta Pl NW

P St NW

喬治城大學
Georgetown University

P St NW

34st St NW

33rd St NW

31st St NW

Foxhall Rd NW

Foundry Branch Valley Park

O St NW

N St NW

喬治城
GEORGETOWN P.158

Prospect St NW

Canal Rd NW

Georgetown Cupcake P.159

M St NW

M St. 觀光步行街

人工運河遺跡
Chesapeake and Ohio Cana

Grace St NW

波多馬克河
Potomac River

Francis Scott Key Memorial Bridge

Whitehurst Fwy NW

喬治城河濱公園
Georgetown Waterfront Park

北

The Washington Harbour

10

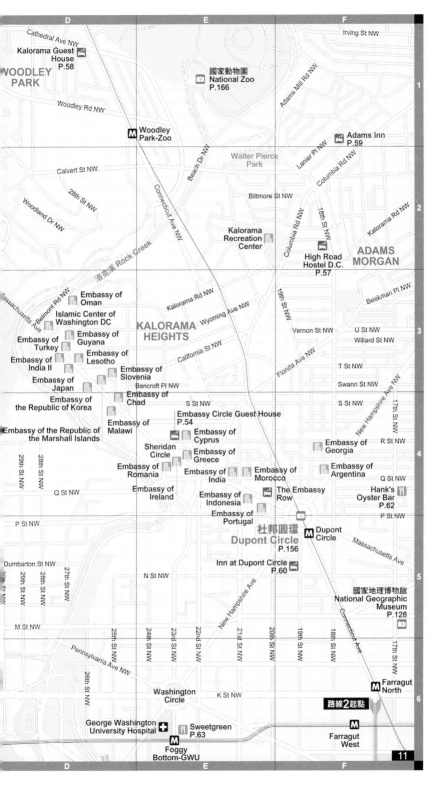

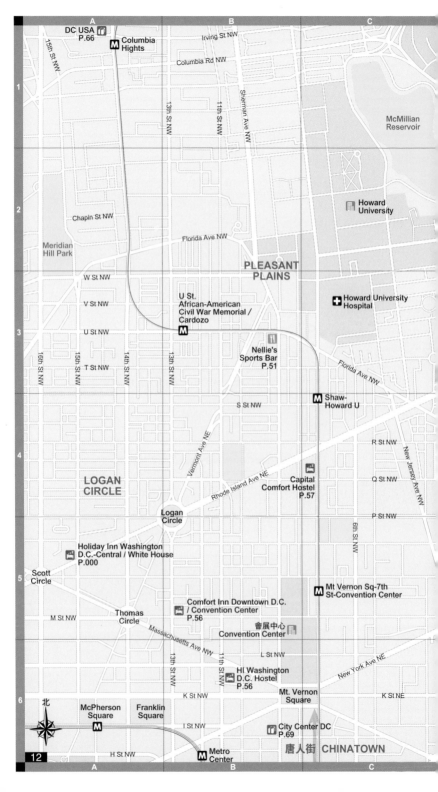

DC USA P.66
Ⓜ Columbia Hights

Irving St NW
Columbia Rd NW

15th St NW
13th St NW
11th St NW
Sherman Ave NW

McMillian Reservoir

Chapin St NW

Meridian Hill Park

Florida Ave NW

PLEASANT PLAINS

🏛 Howard University

W St NW
V St NW
U St NW
T St NW

16th St NW
15th St NW
14th St NW
13th St NW

U St. African-American Civil War Memorial / Cardozo
Ⓜ

✚ Howard University Hospital

Nellie's Sports Bar P.51

Florida Ave NW

S St NW

Ⓜ Shaw-Howard U

LOGAN CIRCLE

Vermont Ave NE

Rhode Island Ave NE

Capital Comfort Hostel P.57

R St NW
Q St NW

New Jersey Ave NW

Logan Circle

P St NW

6th St NW

Holiday Inn Washington D.C.-Central / White House P.000

Scott Circle

M St NW

Thomas Circle

Massachusetts Ave NW

Comfort Inn Downtown D.C. / Convention Center P.56

Ⓜ Mt Vernon Sq-7th St-Convention Center

會展中心 Convention Center

13th St NW
11th St NW

L St NW

New York Ave NE

HI Washington D.C. Hostel P.56

K St NW

Mt. Vernon Square

K St NE

北

McPherson Square
Ⓜ

Franklin Square

I St NW

City Center DC P.69

唐人街 CHINATOWN

H St NW

Ⓜ Metro Center

A B C

12

Washington DC VA Medical Center

Children's National Medical Center

Michigan Ave NW

Trinity Washington University

Franklin St NW

EDGEWOOD

1st St NW

4th St NW

The Clenwood Cemetery

Prospect Hill Cemetery

St. Mary's Catholic Cemetery

M Rhode Island Ave-Brentwood

BLOOMINGDALE

BRENTWOOD

N Capitol St NW

Rhode Island Ave NE

V St NW

US Postal Service

T St NW

Lincoln Rd NW

McKinley Technology High School

R St NW

Florida Ave NW

ECKINGTON

1st St NW

New York Ave NE

N St NW

M NoMa - Gallaudet U

Union Market

Brentwood Hamilton Field

Gallaudet University

6th St NE

New Jersey Ave NW

N Capitol St NW

1st St SE

3 St SE

4 St SE

5 St SE

M St NW

N Capitol St

K St NE

NORTH CAPITOL STREET

City House Hostels
P.58

H St NE

13

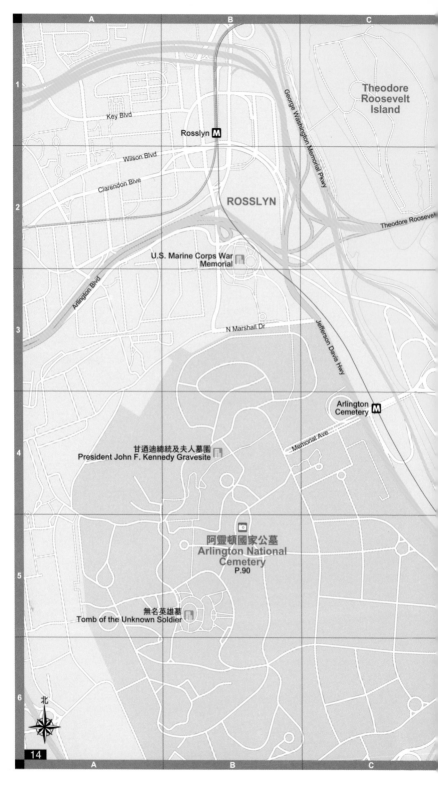

Theodore
Roosevelt
Island

George Washington Memorial Pkwy

Key Blvd

Rosslyn Ⓜ

Wilson Blvd

Clarendon Blvd

ROSSLYN

Theodore Roosevelt

U.S. Marine Corps War
Memorial

Arlington Blvd

N Marshall Dr

Jefferson Davis Hwy

Arlington
Cemetery Ⓜ

Memorial Ave

甘迺迪總統及夫人墓園
President John F. Kennedy Gravesite

阿靈頓國家公墓
Arlington National
Cemetery
P.90

無名英雄墓
Tomb of the Unknown Soldier

北

14

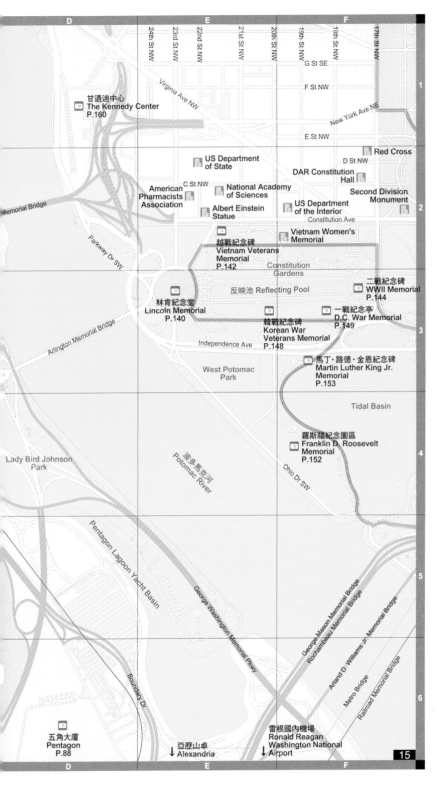

D

24th St NW
23rd St NW
22nd St NW
21st St NW
20th St NW
19th St NW
18th St NW
17th St NW

G St SE

F St NW

New York Ave NE

E St NW

Virginia Ave NW

甘迺迪中心
The Kennedy Center
P.160

US Department
of State

Red Cross

D St NW

DAR Constitution
Hall

American
Pharmacists
Association

C St NW

National Academy
of Sciences

Second Division
Monument

Albert Einstein
Statue

US Department
of the Interior

Constitution Ave

Memorial Bridge

Parkway Dr SW

越戰紀念碑
Vietnam Veterans
Memorial
P.142

Vietnam Women's
Memorial

Constitution
Gardens

反映池 Reflecting Pool

二戰紀念碑
WWII Memorial
P.144

林肯紀念堂
Lincoln Memorial
P.140

一戰紀念亭
D.C. War Memorial
P.149

韓戰紀念碑
Korean War
Veterans Memorial
P.148

Arlington Memorial Bridge

Independence Ave

West Potomac
Park

馬丁·路德·金恩紀念碑
Martin Luther King Jr.
Memorial
P.153

Tidal Basin

Lady Bird Johnson
Park

波多馬克河
Potomac River

羅斯福紀念園區
Franklin D. Roosevelt
Memorial
P.152

Ohio Dr SW

Pentagon Lagoon Yacht Basin

Pentagon Lagoon Yacht Basin

George Washington Memorial Pkwy

George Mason Memorial Bridge

Rochambeau Memorial Bridge

Arland D. Williams Jr. Memorial Bridge

Metro Bridge

Railroad Memorial Bridge

Boundary Dr

五角大廈
Pentagon
P.88

亞歷山卓
↓ Alexandria

雷根國內機場
Ronald Reagan
Washington National
Airport
↓

15

D

E

F

1
2
3
4
5
6

Metro Center M

G St NW

白宮
The White House
P.74

Old Ebbitt Grill
P.60

F St NW

美國藝術博物館與
國家畫像藝術館
American Art
Museum & National
Portrait Gallery
P.126

路線4起點
Gallery Place-
Chinatown M

Verizon
Center

國家建築博物館
National Building
Museum
P.130

Judiciary
Square M

15th St NW

E St NW

福特劇院
Ford's Theatre
P.164

Hotel Harrington
P.55

國際間諜博物館
International Spy
Museum
P.132

MERZi Fresh
Indian Kitchen
P.63

Oyamel Cocina
Mexicana
P.64

白宮訪客中心
White House
Visitor Center

Boy Scouts
Memorial

Federal
Triangle M

Archives-Navy Memorial
Penn Quarter

國家檔案局
National Archives
P.84

Pennsylvania Ave NW

新聞博物館
News Museum
P.122

U.S.
Courthouse

Canada
Embassy

National
Christmas Tree
P.48

Constitution Ave

國家自然歷史博物館
National Museum of
Nature History
P.114

Pavilion
Cafe
P.61

國家美術館西館
National Gallery
of Art West Building
P.112

National Museum of
African American History
and Culture

國立美國歷史博物館
National Museum of
American History
P.118

Madison Dr NW

國家美術館東館
National Gallery
of Art East Building
P.110

華盛頓紀念碑
Washington Monument
P.146

國家廣場 National Mall

城堡
The Castle
P.102

路線3起點

賀西宏博物館與雕塑花園
Hirshhorn Museum &
Sculpture Garden
P.100

Jefferson Dr SW

美國大屠殺紀念博物館
The United States Holocaust
Memorial Museum
P.134

Smithsonian M

Department of
Agriculture

國立非洲藝術博物館
National Museum of
African Art
P.108

國家航空太空博物館
National Air and
Space Museum
P.98

Tidal Basin
Paddle Boats

12th St NW

弗瑞爾美術館
Freer Gallery of Art
P.104

亞瑟·薩克勒美術館
Arthur M. Sackler Gallery
P.106

Voice of
America

國立美洲印地安博物館
National Museum of the
American Indian
P.96

國家印鈔局
Bureau of Engraving
and Printing
P.86

L'Enfant
Plaza M

Federal
Center SW M

L'Enfant Plaza
P.65

傑佛遜紀念堂
Jefferson
Momorial
P.150

Southwest Freeway

G St SW

Basin Dr SW

Francis Case
Memorial Bridge

7th St SW

Maine Ave

L St SW

6th St SW

4th St SW

Ohio Dr

Washington Channel

波多馬克河
Potomac River

East Potomac
Park

北

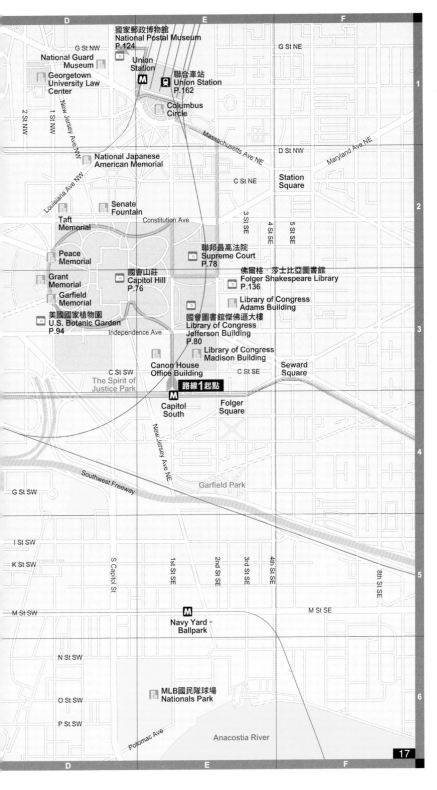

D

G St NW

國家郵政博物館
National Postal Museum
P.124

National Guard
Museum

Georgetown
University Law
Center

Union
Station
M

聯合車站
Union Station
P.162

2 St NW
1 St NW
New Jersey Ave NW

Columbus
Circle

G St NE

Massachusetts Ave NE

D St NW

Maryland Ave NE

National Japanese
American Memorial

C St NE

Station
Square

Louisiana Ave NW

Senate
Fountain

Constitution Ave

Taft
Memorial

Peace
Memorial

Grant
Memorial

Garfield
Memorial

國會山莊
Capitol Hill
P.76

3 St SE
4 St SE
5 St SE

聯邦最高法院
Supreme Court
P.78

佛爾格．莎士比亞圖書館
Folger Shakespeare Library
P.136

Library of Congress
Adams Building

美國國家植物園
U.S. Botanic Garden
P.94

Independence Ave

國會圖書館傑佛遜大樓
Library of Congress
Jefferson Building
P.80

Library of Congress
Madison Building

Canon House
Office Building

C St SW

C St SE

Seward
Square

The Spirit of
Justice Park

路線1起點

Capitol
South

Folger
Square

New Jersey Ave NE

Southwest Freeway

Garfield Park

G St SW

T St SW

K St SW

S Capitol St

1st St SE

2nd St SE

3rd St SE

4th St SE

8th St SE

M St SW

M St SE

Navy Yard -
Ballpark

N St SW

O St SW

MLB國民隊球場
Nationals Park

P St SW

Potomac Ave

Anacostia River

D

E

F

華盛頓D.C.概述

華盛頓哥倫比亞特區（Washing-ton District of Columbia）簡稱華盛頓D.C.、D.C.、華府或美京。它是美國首都，也是聯邦政府行政、立法、司法三個主要機構所在地。

　　D.C.近乎正方形，可分成三個區塊：一是「聯邦政府區」，位於市中心，包括白宮、國會山莊、最高法院、內政部、財政部等。二是「博物館區」，位於國家廣場周邊，包括航空太空博物館、國家美術館、自然歷史博物館、美國歷史博物館等。三是「紀念公園區」，位於國家廣場與波多馬克河之間，包括華盛頓紀念碑、二戰紀念園區、越戰紀念碑、林肯紀念堂等。市區附近的甘迺迪表演藝術中心、動物園、國家天主教堂等，也是重要機構。

歷史

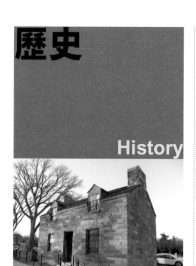

1790年成為美國首都

華盛頓D.C.的位置是美國第一任總統喬治·華盛頓（George Washington）選定的，於西元1790年7月定為首都。它原是馬里蘭州（Maryland State，簡稱馬州）和維吉尼亞州（Virginia State，簡稱維州）共同提供的一塊長寬各10英里的方形地區，後亞歷山卓市（Alexandria City）認為它們在首都城市發展中被忽視，於1847年脫離D.C.回歸維州，所以目前的D.C.是西南方缺了一塊的方形都市。1791年它被定名為華盛頓市，與新成立的特區合併為「華盛頓哥倫比亞特區」（Washington, District of Columbia）。憲法規定它直屬國會管轄，不屬於美國任何一州。

從美英戰爭浴火重生

1812～1815年的美英戰爭中D.C.曾淪浩劫。戰爭初始，英國因與法國在歐洲交戰，無力兼顧美洲，1813年美軍大舉攻入英國殖民地加拿大。1814年英國擊敗法國後，趁美軍主力遠在加拿大，本土防務空虛，派軍攻佔D.C.，接連幾天的大火幾乎完全摧毀了新建的美國首都。白宮、國會大廈、海軍造船廠、兵工廠、財政部、軍械庫等聯邦建築都化為灰燼。這場浩劫也讓首都浴火重生，重新規畫納入了喬治城（Georgetown）及其周邊郊區。

南北戰爭後人口大增

D.C.在1861年南北戰爭期間人口增加快速，林肯總統為保衛首都建立了波多馬克軍團，並增設許多聯邦機構，首都人口從1860年的75,000人，增加到1870年的132,000人。戰爭期間，首都是聯邦軍隊的司令部，學校、教會、聯邦建築都變成軍營或野戰醫院。軍人、前奴隸、商人、勞工從四面八方湧入。雖處兵荒馬亂，聯邦政府仍能維持正常運作。內戰結束黑奴解放，影響了首都的人口結構，1865年獲得自由的黑人湧向D.C.，成為當時美國黑人比例最高的城市。

19世紀中建設逐漸完善

內戰後城市基礎建設逐步完善，朝現代化都市邁進。運輸系統、自

來水和下水道系統的建立，公園、街道、路燈、橋梁的整建，首都生活更舒適便利。1846年世界最大的學術機構「史密森尼學會」（Smithsonian Institution）成立，1881年其轄下的第一個博物館落成。1884年華盛頓紀念碑開放，數年間各大博物館、地標性建築也陸續完工。

20與21世紀後的華府

1901年華府實施重建，及美化城中區的麥克米林計畫（McMillan Plan），規畫了國家廣場（National Mall）及周邊的博物館、紀念碑、紀念堂、公園等，使華府除政治外，也成爲藝術與文化氣息豐厚的

大都會。1976年地鐵系統運行，首都一日生活圈擴大到鄰近的維州及馬州。

近數十年世界政治局勢丕變，蘇聯瓦解，美國成爲世界軍事獨強。東歐的科索沃、中東的波斯灣、伊拉克、敘利亞等地的戰事，對IS的反恐戰爭等，都有美國國防部五角大廈介入的影子。近年來的中國崛起，中東及世界政治重組、美國政局改變等，華府在未來更將是世界最重要的都市。

地理與氣候

Geography & Weather

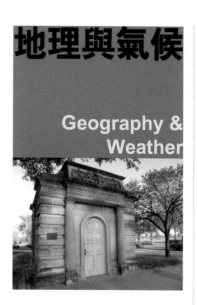

鄰近區域與地型

D.C.面積177平方公里，北、東、西三面接馬州，南面是維州。地勢北高南低，最高處是天理鎮（Tenleytown）雷諾點（Point Reno，標高125公尺），低處是接近海平面的波多馬克河畔。小山丘上的國會山莊，與林肯紀念堂、傑弗遜紀念堂、潮汐湖和大部分的國家廣場，原是溼地和沼澤區，填土造陸後，成為大片平坦土地。

D.C.城區有三條河流貫穿其中，波多馬克河（Potomac River）、安納卡斯提亞河（Anacostia River）及洛克溪（Rock Creek）。波多馬克河南通大西洋，西岸的亞歷山卓市及上游的喬治城鎮（Georgetown）是殖民地時期對歐貿易的重要口岸。1802年跨越波多馬克河大瀑布險灘的美國第一條人工運河完工，打通了美東到中西部俄亥俄河平原的通路，加速了首都的經濟發展。

1790年D.C.設立初期，包含維州

的阿靈頓縣（Arlington）、亞歷山卓市（Alexandria），馬州的喬治城鎮（Georgetown）、華盛頓市（Washington City）和華盛頓縣（Washington County）。1847年阿靈頓縣和亞歷山卓市附近地區歸還維州。1878年喬治城鎮、華盛頓市和華盛頓縣合併為一個城市，即是現在D.C.的範圍。

市區劃分

D.C.以國會山莊為中心分成東北（NE）、西北（NW）、東南（SE）和西南（SW）4個象限，城市街道南北向以數字命名，東西向以字母命名。國會山莊往西直到波多馬克河畔是政府建築、國家廣場和紀念公園區。國家廣場四周是史密森尼學會的多座國家博物館，北邊的杜邦圓環（Dupont Circle）是大使館區。南邊波多馬克河和安納卡斯提亞河交會處是國家碼頭、海軍造船廠及濱水區（Waterfront）。

波多馬克河有許多島嶼，最大的是羅斯福島和哥倫比亞島，此兩島是休閒遊樂區。D.C.城市保留大片綠地，公園占總面積四分之一，城市的樹林覆蓋率高達35%，是美國最環保的都市之一。

國家碼頭河邊海灘遊樂區的藝術作品

氣候與自然美景

D.C.屬亞熱帶氣候（Subtropical），夏季炎熱潮溼，雨水充沛，7月平均氣溫31℃，最高曾達36℃。冬季嚴寒，大雪紛飛，1月平均溫度-3℃，最冷曾到-34℃。

禪宗揭語：「春有百花秋有月，夏有涼風冬有雪」，是華府四季的最佳寫照，寒冬約在3月結束，天氣漸暖，迎春花「水仙」最早開放，接著是鬱金香、桃花、蘋果花、梨花等也一夕遍布樹梢。3～4

月是浪漫的櫻花季，潮汐湖、傑佛遜和林肯紀念堂周圍，繁花似錦，落花如雨，薰風中展現美景。夏季皓日當空，只有濃蔭下幾絲涼風。秋天西風乍起，滿城瘋了楓紅。繁華落盡後的冬天，千里雪飄，踏雪尋梅，亦能找到玲瓏剔透，冰雕玉鑿的美景。

23

人文資訊

Population & Culture

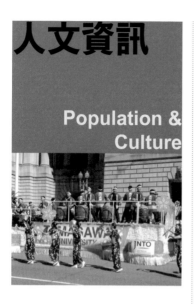

人口組成

歐洲人到北美洲之前，華府地區居住的是美洲原住民，當時人煙稀少，1860年尚不足10萬人。南北戰爭時人口增長迅速，1910年達25萬，到1950年是80餘萬，其後逐年下降。黑人在特區人口占重要部分，1860～1940年間比率為30%，1950年代超過半數，1970年達到顛峰70%。2000年因城市生活昂貴，黑人開始搬離。

據統計，2015年D.C.人口超過67萬，其中黑人占48.3%，白人36.1%，拉丁美裔9%，亞裔3.5%。D.C.工作機會較多，每天通勤的上班族有約40萬人，地鐵可達的大都會生活圈人口超過600萬。

產業結構

特區政府僱用的職工，在2012年占華府工作總量的29%。許多法律顧問公司、民間和國防工程建築承包商、非營利組織、貿易協會、工業團體、遊說公司、專業機構等，都把總部設於此。政府職位薪資高，重視學歷。2016年D.C.居民半數以上有大學學位，平均年薪$55,755，是美國50州之首。

大學院校

D.C.大學密度高。喬治城大學（Georgetown University）成立於1789年。1821年成立的喬治華盛頓大學（George Washington University）在市中心，2013年有學生25,653名，是D.C.學生人數最多的大學。華盛頓神學聯盟（Washington Theological Union）學生人數最少，只有80名。最大的公立大學是哥倫比亞特區大學（University of District of Columbia），有5,110名學生。

精華地標

D.C.是旅遊聖地，每年遊客約1千9百萬人。國會山莊和林肯紀念堂之間，長1.6公里、寬120公尺的國家廣場是D.C.市中心最大的開放式公園，也是示威抗議、樂隊表演、節慶活動、甚至總統就職典禮的場所。大草坪南北兩側是史密森尼學會所屬的國家博物館。華盛頓紀念碑居其中央，北側是白宮，西側是二戰紀念碑、反映湖、越戰紀

念碑、韓戰紀念碑等。南邊環繞潮
汐湖畔的有羅斯福紀念碑、傑佛遜
紀念堂、馬丁・路德・金恩紀念
碑，及一戰紀念亭等。

　D.C.城中區的中國城（China-
town，亦稱唐人街）有著精雕玉琢
的中國牌樓，南邊是國防部所在的
五角大廈，和阿靈頓國家公墓，北
邊的杜邦圓環有各國大使館、莊嚴
的穆斯林聚會所、國家大教堂、國
家動物園等，東邊有國會圖書館、
聯邦最高法院、莎士比亞圖書館、
聯合車站等，都是值得探索的歷史
文化景點。

表演藝術

　D.C.也是美國的文化藝術中心，
臨波多馬克河的甘迺迪中心是表演
藝術殿堂，也是國家交響樂團、華
盛頓國家歌劇團，和華盛頓芭蕾舞
團的駐地，定期演出豐富了美國首
都的文化藝術生活。特別要介紹的
是它的千禧舞台（Millennium Stage）
，每晚18:00～19:00有精選的免費
表演，沒時間欣賞交響樂團或芭蕾
舞劇演出的遊客，可在這段時間，
來此感受D.C.的文藝氣息。

行程規畫

Travel Plan

以下為短期遊客規畫1～5天的行程。預估時間是步行走完各景點的時間，不含景點停留時間。如停留更多天數，可參考郊區順遊景點資料。若一天走不完一個行程，可略過幾個景點；行程前後次序也可依體力及天候調整。

國會山莊區 （見 P.17 地圖）

❶國會圖書館→ ❷國會山莊→ ❸國家植物園→ ❹最高法院→ ❺莎士比亞圖書館→ ❻聯合車站→ ❼郵政博物館

Tips

- ■全程約6公里，預估步行時間約1小時。
- ■**參觀重點：**雄偉的國會山莊、D.C.最亮麗的建築國會圖書館，及聯合車站，此3處都有餐廳可休息及用餐。
- ■**如何抵達國會圖書館：**地鐵藍、橘、銀線至Capitol South站，出站沿First St.北行到「國會圖書館」的傑佛遜大樓。
- ■**貼心提醒：**國會圖書館有地下通道通往國會山莊訪客中心，可縮短步行及安檢時間。

紀念公園區 （見 P.11、15、16 地圖）

❶白宮→ ❷華盛頓紀念碑→ ❸二戰紀念碑→ ❹越戰紀念碑→ ❺林肯紀念堂→ ❻韓戰紀念碑→ ❼一戰紀念亭→ ❽馬丁・路德・金恩紀念碑→ ❾羅斯福紀念館→ ❿傑佛遜紀念堂

Tips

- ■全程約8公里，預估步行時間約1.5小時。此行程多在室外，注意天候狀況。
- ■**參觀重點：**白宮、華盛頓紀念碑、林肯紀念堂這3個華府地標。一路有很多飲水處，但沒有餐廳，請在行前先備好食物。
- ■**如何抵達白宮：**地鐵橘、藍、銀線至Farragut West站，出站後沿17 St.南行至白宮。
- ■**貼心提醒：**如有時間可搭地鐵至Fuggy Bottom站，乘坐免費Shuttle Bus到甘迺迪中心，觀賞18:00～19:00千禧舞台的免費精采演出。

3 博物館區（見 P.16 地圖）

❶ 城堡→ ❷ 弗瑞爾美術館→ ❸ 賀西宏博物館與雕塑花園→ ❹ 國家航空太空博物館→ ❺ 國立美洲印地安博物館→ ❻ 國家美術館→ ❼ 國家自然歷史博物館→ ❽ 國立美國歷史博物館

 Tips

■ **全程約3.4公里**，預估步行時間約44分鐘。
■ **參觀重點：**此行程繞國家廣場一周，參觀史密森尼學會各博物館所需時間，請參考各博物館單元介紹。
■ **如何抵達城堡：**地鐵橘、藍、銀線至Smithsonian站，出站後沿Jefferson Dr.東行至城堡。

 4 城中區東部（見 P.16、12 地圖）

❶ 中國城→ ❷ Verizon Center→ ❸ 國家建築博物館→ ❹ 新聞博物館→ ❺ 國家檔案局→ ❻ 國際間諜博物館→ ❼ 美國藝術博物館與國家畫像藝術館→ ❽ 會展中心

Tips

■ **全程約4.5公里**，預估步行時間約40分鐘。這是體會D.C.城市風情的輕鬆行程，沿途有許多經典歷史建築，處處有驚喜。
■ **參觀重點：**行程包括4座博物館，其中新聞博物館和間諜博物館是私立，須購票，若無興趣可略過。沿線有許多餐廳可用餐。
■ **如何抵達中國城：**地鐵紅、黃、綠線到Chinatown站，從7th St.和H St.交接處的出口E出站，即可見古色古香的中國城牌樓。

 5 親子一日遊

❶ 國家航空太空博物館→ ❷ 國家自然歷史博物館→ ❸ 國家地理博物館→ ❹ 國家動物園

 Tips

■ **參觀重點：**本行程推薦的景點適合親子一邊旅遊，一邊學習。其中國家地理博物館有為學生設計的展廳，國家動物園內有中國贈送美國的第一對熊貓。
■ **如何抵達國家航空太空博物館：**地鐵藍、橘、銀L'Enfant Plaza站D St.&7th St.出口，北行5分鐘。

6 自駕一日遊 Ⓐ

❶大瀑布國家公園→ ❷NRA 槍械博物館→ ❸國家航太博物館斯蒂芬中心

- 自駕旅遊華府，可至大眾交通工具不能到的景點。
- **參觀重點**：大瀑布國家公園是距D.C.最近的國家公園，有美國最早人工運河遺址。
- **特別介紹**：國家來福槍協會(NRA)是美國最大的槍枝協會，總部在維吉尼亞州的Fairfax County，有一個槍械博物館，蒐藏槍枝類輕兵器。附設有靶場，出示證件、通過射擊考試、租槍、買子彈即可實彈射擊。想射擊的遊客可在此停留4小時。
  NRA Headquarter
  🔗 home.nra.org
  ✉ 11250 Waples Mill Rd, Fairfax, VA 22030

7 自駕一日遊 Ⓑ

❶亞歷山卓，歐趙→ ❷凡農莊園→ ❸泰森角購物中心

- **第1站參觀重點**：早上拜訪亞歷山卓的歐趙，沿著波多馬克河漫步，可享受河濱清新的空氣。轉至魚雷工廠轉型的藝術中心，可欣賞當地藝術家的作品。然後沿King St.西行，瀏覽古色古香的16世紀小城風光，及拜訪喬治‧華盛頓住過的小屋，和做禮拜的教堂。中午可在能俯覽整個碼頭區的Chart House海鮮餐廳用餐。
- **第2站參觀重點**：車出歐趙後，沿George Washington Memorial Pkwy南行約30分鐘至凡農莊園。凡農莊園的農場有許多動物，可以全家一起和綿羊、駱駝、馬匹互動。參觀喬治‧華盛頓故居導覽團需1小時，結束後可參觀紀念喬治‧華盛頓的博物館。在此停留總共4～6小時。

- **第3站晚餐購物**：傍晚開車返回華府，經66號高速公路轉I-485環道，可至FOGO de CHÃO巴西烤肉餐廳，或泰森角購物中心的美食廣場晚餐，晚間可在購物中心輕鬆一下。
- **貼心提醒**：至亞歷山卓後，車輛可停在Founders Park旁的N Union St.路邊，或King St.附近的停車場。

美東旅遊團

如欲以D.C.為中心暢遊美東,可參加D.C.本地旅遊團,前往尼加拉瓜大瀑布、紐約、波士頓等地,有4日及5日兩種行程。

Tips

■ 搭乘遊覽車旅行,可專心欣賞沿途美景,無需擔心停車問題。

■ **參觀重點:**尼加拉瓜大瀑布、哈佛大學、麻省理工學院、紐約市區哈德遜河、自由女神像、聯合國總部、世貿遺址等。

■ **貼心提醒:**5日旅遊團通常會增加1天「紐約自由行」,可選擇參觀林肯中心、百老匯劇場、大都會博物館、中央公園等。

■ 旅遊團詳細行程及價格,可參考以下旅行社:

金華旅行社
Golden Travel Service
🔗 www.24gt.com

天馬旅遊公司
Golden Horse Tour Inc.
🔗 goldenhorsetourusa.com

明星假期
Majestic Vacations
🔗 majestic-vacations.com

1.館藏豐富的大都會博物館 / **2.**人潮不間斷的時代廣場 / **3.**遊中央公園四季皆宜 / **4.**紐約必遊景點:自由女神像 (以上圖片提供/許志忠)

華盛頓D.C.節慶與活動
Festivals & Activities

華府整年節慶活動接連不斷，3月潮汐湖畔的國家櫻花節、5月國殤日遊行、7月鑼鼓喧天的國慶日大遊行、9月會展中心的國家圖書節、11月感恩節、12月國家聖誕樹點燈、一直到年底的國會山莊跨年煙火秀。

這裡有世界180餘國的駐美大使館，因此可見世界各國的風俗、文化與活動。例如：3月的法國文化節、4月日本櫻花節、5月大使館節、6月臺灣舉辦的龍舟賽、7月世界民俗節、11月土耳其傳統節、12月賀爾屋博物館 (Hillwood Museum) 的俄羅斯冬季節等。

籃球季、美式足球季、棒球季等也在一年中輪番上陣，加著電影節、藍天使飛行特技表演、爵士音樂節、馬拉松比賽、鐵人三項等，熱鬧非凡。

1

國家櫻花節
National Cherry Blossom Festival

賞花人在畫中行，萬花飛舞春意鬧

2

http nationalcherryblossomfestival.org
✉ 潮汐湖(Tidal Basin)畔，傑佛遜紀念堂前
🕐 3～4月
➡ 地鐵藍、紅、銀線 / Smithsonian站 / 出站西行10分鐘

　　D.C.氣候四季分明。千里冰封，萬里雪飄的寒冬後，大地春回，人們換下厚重冬衣，素裝淡抹，在吹面如紗的春風裡，相邀踏春。每年3、4月間的櫻花節，歷時2～3週，是D.C.迎春的最盛大節日。

華府櫻花的由來

　　1910年日本贈送給首都的第一批2,000棵櫻花樹，不幸染病全數銷毀。1912年日本東京市長尾崎行雄（Yukio Ozaki）再贈送華府3,000株櫻花樹，當時美國第一夫人海倫·塔夫特（Helen Herron Taft）和日本大使夫人，在潮汐湖畔的波多馬克公園種植了其中兩株，開始了櫻花節。此後美國總統夫人在櫻花節時於公園種植櫻花樹成為傳統。

　　禮尚往來，1915年華府贈送日本山茱萸樹（Dog Woods）以為回報。櫻花樹嬌貴難養，當初3,000株目前僅存百餘株。

花季

　　櫻花花期短，約5～18天。櫻花節每年的日期因花蕾生長，氣溫、雨水、及溼度狀況而不相同。國家公園管理局（National Park Service）3

③ ④ ⑤ ⑥

國家櫻花節

月初預測櫻花盛開期,並公布當年櫻花節的活動時程。D.C.的櫻花盛開是指吉野櫻(Yoshino Cherry Trees)綻放七成的開花時段,漫天飛舞的花瓣,嫩白粉紅的燦爛,微風過後飄零如雨,這時段最是令人陶醉。

日本櫻花有600多種,華府種植最多的是花蕾期粉紅、開花後成5片雪白花瓣的吉野櫻,以及多重花瓣的紫紅八重櫻。垂柳櫻種植於波多馬克河畔,掛滿花瓣的花枝低垂如柳,隨風搖曳,煞是好看。櫻花從花苞到開放,到落英繽紛,只短短十數天。初春的湖濱河畔,櫻花樹梢星星點點布滿花蕊,盛開滿園時,浩瀚花海成就美麗。

櫻花節周邊活動

櫻花節開幕儀式後有遊行及煙火施放。櫻花節期間有各項活動及表演,如花卉解說導覽、樂隊演奏、民俗舞蹈等400多項。大部分活動在華盛頓紀念碑、傑佛遜紀念堂前的潮汐湖畔,以及漢斯角(Hains Point)地區。活動內容包羅萬象,涵蓋傳統文化、藝術、自然美景、社區精神等領域。

櫻花季最後一個週末舉行的日本節慶園遊會,吸引超過15萬遊客,將Pennsylvania Ave.擠的水洩不通。

1.潮汐湖畔賞花人／**2.**櫻花節大遊行／**3.**蔽空花海／**4.**潮汐湖畔櫻花開／**5.**遊行中的日本太鼓隊和吉祥獸／**6.**日本太鼓表演／**7.**浪漫花叢中

知識充電站

櫻花樹≠櫻桃樹

櫻花樹和櫻桃樹不一樣,同為薔薇科(Rosaceae)但不同屬。櫻花是觀賞用落葉喬木,櫻桃是果樹。所以不要期望同一棵樹在春天賞完櫻花後,秋天還有櫻桃可以吃。

⑦

陣亡將士紀念日
Memorial Day

青山埋忠骨，奔雷弔英雄

http ollingthunderrun.com
✉ 從五角大廈經阿靈頓國家公墓、憲法大道、國會山莊、獨立大道、林肯紀念堂、至傑佛遜紀念堂 / ◎5月第四個週末
➡ 地鐵藍、紅、銀線 / Federal Triangle站 / 出站往南步行一個街口至Constitution Ave.

5月最後的週一是美國國殤日，是紀念為國犧牲軍人的特殊日子。它源自於1868年南北戰爭之後的掃墓日（Decoration Day），類似清明節，是為陣亡軍人獻上鮮花的日子。最早聯邦（Union）和邦聯（Confederate）南北雙方選定的國殤日各不相同，20世紀初才合併為一個全國性的陣亡將士紀念日。

D.C.是美國政治軍事重心，也是全國紀念此節日的中心，華府在此節日以各種活動表達對退伍軍人，及陣亡將士家屬的感謝。節日的慶祝活動跨過整個週末，依慣例在週六20:00，國會大廈西草坪的免費音樂會開始，邀請名演員、國家交響樂團，以及客座音樂家演出。

國殤日大遊行&紀念活動

重頭戲是每年都會舉行，規模僅次於國慶日的國殤日大遊行，遊行14:00開始，路線從7th St.到白宮。群眾雲集在遊行路線兩旁，一隊又一隊代表各年代各軍種的隊伍，打鑼、敲鼓、鳴笛、吹號的經過面前，有騎著摩托車的首都警察隊、有紅衣白褲殖民地時代復古軍裝的短笛隊、首都騎警的馬術隊、手持

陣亡將士紀念日

三軍軍旗的儀仗隊、二戰退伍軍人隊、海軍水兵方陣等。參加遊行的老兵都已老態龍鍾，仍精神抖擻，步伐整齊的列隊前進。兩小時的大遊行，看到眾多退伍軍人聚集，令人感動。

阿靈頓國家公墓於國殤日有軍方的紀念活動，是由美國陸軍、陸戰隊、海軍、空軍、海岸防衛隊等儀仗隊舉行升旗典禮、操槍或軍樂表演，國家公墓25萬個墳墓上的國旗，把整個墓園變成一片旗海。國家廣場南邊紀念公園區的二戰紀念公園、越戰紀念碑、韓戰紀念碑等處，則有政府機構與當年參戰的退伍軍人分別舉行紀念儀式。

紀念為國犧牲的軍人，安慰生者的傷痛，也讓全國人民瞭解自由要以生命為代價換取。5月底來D.C.，可參加國殤日活動，見證一個國家紀念英雄的方式。

1.騎警的馬隊／2.身穿殖民地時代復古軍裝的短笛隊／3.各軍種的臂章／4.首都警察的摩托車隊／5.海軍的水兵方陣／6.榮獲紫心勳章的退伍軍人花車／7.陸海空三軍旗隊

旅行小抄

迅雷摩托車大會師

國殤日最精采的活動就是全美獨一無二的「迅雷摩托車大會師」(Rolling Thunder Motorcycle Rally)。騎著重型摩托車的慓悍退伍軍人，幾天內餐風飲露跋涉千里，從全國各地趕來。最多達9萬輛重型摩托車，國殤日前一天中午，從國防部的五角大廈前開始，在振奮人心的軍樂演奏前導下，到阿靈頓國家公墓向陣亡將士致敬，經林肯紀念堂前的反映池，繞行華盛頓紀念碑及國家廣場。震耳欲聾的重型摩托車，聲勢浩大地經過眼前，讓人歎為觀止。

華府大使館節
Passport D.C.

足不出城，一天踏遍數十國

- http culturaltourismdc.org，點擊Passport DC視窗
- ✉ 杜邦圓環附近 / ⏰ 5月每週末10:00～16:00
- ➡ 地鐵紅線DuPont Circle站
- ⁉ 大使館週末開放，因為每個大使館都會大排長龍，一天最多看5、6個。若只在庭院照相，可多繞幾國大使館

5月旅遊D.C.活動首選

5月1～31日的華府大使館節，也稱Passport D.C.，是華府外交社團的特有節日。5月每個週末，70多國大使館分批開放參觀，各國以舞蹈、音樂、裝飾、圖片、美食，表現它們的風俗習慣和文化特色。40多個本地文化社團也共襄盛舉，使這個節日每年吸引超過25萬人。

70多國大使館任你參觀

大使館多集中在Massachusetts Ave.兩旁，沿大道北行，英國大使館紅衣黑熊皮帽的女王衛隊、哥倫比亞大使館民俗舞蹈的美女、多明尼加大使館前帶著鬼面的巫師，尼泊爾大使館捧著美食的少女、清真寺跪在地上禱告的慕斯林等，沒有其他節日能集結這麼多特色文化。

參觀大使館渴了沒關係，瓜地馬拉大使館有該國名産咖啡和冰涼的Lager淡啤酒，免費試飲。餓了也沒問題，丹麥餅乾、肯亞烤肉，尼泊爾炒米等任你品嘗。

園遊會&使館主廚挑戰賽

大使館節第三週末，在Pennsyl-vania Ave.上3rd St.和6th St.之間舉

Festivals & Activities

3 **4** **5** **6**

行亞洲園遊會，亞洲國家即使沒有開放大使館，也會在這裡展示它們的特色文化。戶外雕刻展覽、現場烹飪示範、武術表演、傳統音樂、大型街舞等，炎夏沒來臨前，連續兩天的熱鬧節目，令人應接不暇。

民以食為天，最後一週壓軸好戲是大使館主廚挑戰賽。各國大使館的主廚卯足全力拿出最好絕活，烹飪最美味的食物，調製最可口的飲品，每年都競爭激烈。

1. 尼泊爾大使館外盛裝的少女 / **2.** 大使館節的活動布告 / **3.** 貝里斯大使館 / **4.** 玻利維亞大使館 / **5.** 馬拉威大使館 / **6.** 肯亞大使館外的國徽 / **7.** 南美第三大國哥倫比亞共和國的民俗舞蹈

7

旅行小抄

華府最大清真寺——伊斯蘭中心

Massachusetts Ave.北邊約1公里處，華府最大的清真寺「伊斯蘭中心」(The Islamic Center)也會加入大使館節活動。對清真寺好奇的訪客，可入內參觀，注意入口處要脫鞋，並在祈禱大堂內保持安靜。看到穿著傳統阿拉伯服裝的信眾，進出大堂虔誠禱告，可領受宗教對人類精神影響力的巨大。

雕梁畫棟的清真寺中庭

清真寺的精緻壁畫

民俗節
Smithsonian Folklife Festival

認識各民族文化之美

http festival.si.edu
✉ 國家廣場
🕐 6月最後一週及7月第一週，每天11:00～17:00
➡ 地鐵藍、橘、銀線／Smithsonian站／出站即達

Festivals & Activities

史密森尼學會創辦

　　早期美國自認為是種族大熔爐，世界各民族文化和傳統，到了這裡都匯入大熔爐裡，形成美國文化。後來認識到此理論有邏輯及實際上的問題，改稱美國是一個兼容並蓄，容納各民族傳統和文化的國家。始於1967年，史密森尼學會在每年國慶日前後，6月最後一週和7月第一週，於華府國家廣場舉行民俗節，呈現美國多民族文化的特性，也是各國展示民俗和文化的國際博覽會。

各國大秀文化軟實力

　　民俗節的靜態展示有海報、照片、文字說明、圖書及各民族傳統藝術品、美食等。各國的音樂家、藝術家、手工藝者、演藝人員、甚至廚師，實際演示各自民族色彩的技藝絕活。民族舞蹈表演最吸引人，舞者在精采表演後，熱情地邀請觀眾共舞。手工藝專家則當場製作民族特色的手工藝品。

　　主辦的史密森尼學會每年指定一個國家或地區為主題國，特別介紹其傳統和文化，2014年介紹中國，2015年是南美洲的祕魯，2016

38

民俗節

　年是鮮爲人知的巴斯克（Basque）種族，他們是歐洲舊石器時代居民的後裔，目前全世界有1千8百萬人，分布在西班牙、智利、巴西、美國等地。爲了逼眞展現主題國的民族特色，主辦單位會特闢專區，搭建表現主題國文化、生活、風俗習慣的各式建築，想像不到的奇風異俗常給人驚喜。

　民俗節的展出設計多釆多姿，集一千多民俗學家、文化人類學家、民族音樂學家的智慧，與數百名技術人員的專業知識，和各國領事館支持合作完成的。除日間活動外，晚上有音樂會、民族舞蹈、歌唱、說書、雕刻和烹飪的現場示範。

1.大腳馬拉的花車 / 2.民族音樂演奏 / 3.篷車隊 / 4.越南遊行花車 / 5.印度舞蹈表演 / 6.國家廣場的民眾 / 7.自然歷史博物館前的活動 / 8.馬戲團的小丑教學 / 9.臉譜繪畫 / 10.各國民俗解說

國慶日大遊行
National Independence Day Parade

國之大事，普天同慶

- http july4thparade.com
- ✉ Constitution Ave.，介於7th～17th St.之間
- ⏱ 遊行固定於7/4的11:45～14:00舉行
- ➡ 地鐵紅、綠、黃、銀線／Metro Center站／出站即達

國慶日（又稱獨立紀念日）是美國最重要的節日之一，D.C.慶祝國慶是從11:45的大遊行開始。每年的遊行隊伍由花車、儀隊、馬術隊、體操隊、啦啦隊、軍樂隊、大氣球隊、鼓號樂隊等百餘團體組成，帶給現場十多萬及電視機前數百萬觀眾國慶日的歡樂演出。

遊行後在國家廣場會有熱鬧的民俗節登場。傍晚在國會山莊西草坪有PBS樂團及國家交響樂團的現場演奏，天黑後是美國最大的夜間煙火秀，空中綻放的火樹銀花，把首都妝點得燦爛輝煌。

1.十八世紀英軍服飾的鼓隊／2.美國高中的鼓號樂隊／3.印度教花車隊／4.美國錫克族花車／5.騎乘重型機車的首都警察隊／6.台灣的舞蹈藝術學院隊／7.晚間燦爛的煙火秀

安老師帶你玩 D.C.

2016年國慶日紀實

　　美國歷史博物館前是觀看遊行的最好位置，如潮水般湧來的觀眾，一早就興高采烈地擠滿遊行路線兩側。由遠而近震耳欲聾的鼓聲中遊行開始，先是紅衣白褲的短笛隊，身穿18世紀復古英軍軍裝，短笛輕快優揚。接著是相同服飾的鼓隊，整齊的步伐，鋪天蓋地的鼓聲，開場帶出節日氣氛。鼓聲未停，少年溜冰隊腳穿直排輪溜冰鞋，左旋右竄的在路上呼嘯而過，孩子們的天真活潑和動感十足的風火輪，觀眾心跟著飛揚。

　　接著是駕著重型機車，車燈閃爍的首都警察隊，引擎如雷鳴，繞著S型圈子，展現高超的駕車技術。後面是騎在高頭大馬上的國家公園騎警隊，比人還高的阿拉伯馬，腳步輕盈、蹄聲嗒嗒，大隊走來聲勢驚人。巧克力花車跟著來了，赫爾希(Hershey)巧克力是美國人的最愛，出現在遊行隊伍，帶來一點甜味。然後是美國錫克族隊，紅腮滿面，白衣黑褲，包著錫克人特殊的赤紅包頭，穿著民族特色服裝。

　　稍後是美國各地高中及社區大學的鼓號樂隊、軍樂隊，演奏輕快的《美麗的亞美利加》，《星條旗進行曲》等從面前經過。紅白兩色，顏色鮮豔的非洲鼓隊緊接而來，圓鼓跨在膝部，一面擊鼓一面跳出非洲民族的樂觀天性。參加遊行不容易，這些隊伍都要在半年前提出附有演出光碟的申請書，從穿著服裝，樂隊陣容，到演奏素質都經過評選，才能參加遊行。

　　在這之後還有各民族的代表，南美洲團體，非洲團體等。最高興看到台灣旅美社團的花車，穿著台灣原住民鮮豔服裝的歌舞隊，三太子和七爺八爺也來助陣。壓軸的是印度教花車，紅色的圓頂，眾多白眼圈的神祇在車內，尊者坐在三色傘下，與歡欣鼓舞的群眾揮手。

國家圖書節
National Book Festival

航向浩瀚書海，探索未知世界

- loc.gov/bookfest
- 801 Mt. Vernon Place NW, Washington, DC 20001
- 9月第一個週末09:00～22:00
- 地鐵黃、綠線／Convention Center站／出站往南行5分鐘

國家圖書節是D.C.一年一度圖書文化的重要活動，主辦單位是世界第一大圖書館「國會圖書館」。本活動始於2001年，當時的第一夫人羅拉・布希（Laura Bush）是創始者，該年9月8日她在白宮宴請參與書展的作者，並主持在國會山莊西草坪的開幕典禮，從此國家圖書節成為首都的年度文化盛事。2003～2013年國家圖書節的地點都在國家廣場，2014年移到會展中心（Walter E. Washington Convention Center）。每年邀請約150位作家、詩人或漫畫家參與，參觀人數約20萬人。

蒐藏海報、聽專家演講

國家圖書節以提倡圖書文化為目的，與銷售圖書的商業書展不同。圖書節海報是設計精美的藝術品，2016年的海報是日本知名畫家清水侑子（Yuko Shimizu）為圖書節特別繪製的：一艘載滿圖書的小舟，航行在藍色海洋上，隱喻「書籍承載著故事，讀書是一個旅程，能將我們帶至去不到的地方」。

展場2、3樓有十來個演講廳，從10:00開始到晚上，每個演講廳都會安排作家或學者做每場1～2小時演講，有國會圖書館的專家解釋著作

權，知名作家闡述寫作心路歷程、寫作構思及流程，或是專家說明書籍改編成電影的經過等。圖書節與高科技結合，2016年暢銷書第一名的作家斯蒂芬‧金（Stephen King）演講時，不僅演講廳2,500個座位滿座，也首度在Facebook同步播放，超過15萬觀眾網路即時觀看，媒體傳播無遠弗屆，令人驚歎。

大小書迷的知識樂園

　　地下樓是各大出版社的圖書展示，各家的精彩圖書配合折扣促銷，吸引大量愛書人潮。國際展廳有來自西歐、東歐、拉丁美洲出版商的書籍展出。童書占出版重要地位，現場有兒童故事角色扮演，免

費照相留念，也有為兒童舉辦的圖書朗誦會，童話故事、神祕傳說、歷史演義等，擠滿現場的小朋友聽得驚喜連連。

　　作者簽書會是圖書節的亮點，群眾排起長龍，每位拿到簽名書籍的人都欣喜莫名。圖書節安排的簽書活動，是提倡讀書文化的好方法。

　　讀書是終身事業，書籍承載的故事可打破時空對人的限制，深入到無限世界。喜愛讀書的遊客可來參加這場知識的盛宴。

1.國會圖書館展場 / 2.國家圖書節入門處的資訊中心 / 3.琳瑯滿目的展示圖書 / 4.寬廣的書展大堂 / 5.由Wells Fargo銀行贊助的故事會會場 / 6.準備開講的作者演講廳 / 7.作者簽書會現場 / 8.專心選書的民眾

萬聖節
Halloween

不給糖，就搗蛋

✉ 各地區城鎮中心
🕐 10/31

萬聖節源自2,000多年前居住在愛爾蘭、英國和法國北部的凱爾特族（Celts）人，他們最早將每年11月1日訂為過年，過年前一夜為死神夜（Night of Samhain），也稱萬聖夜（All-hallows Eve），後來演變成萬聖節（Halloween）。該日是一年裡收成結束，寒冬開始之日，凱爾特人認為此新舊交替之夜，是生與死的模糊地帶，邪靈惡煞要趁機回到人間。人們在此節日要化妝成天使、聖徒、魔鬼等把惡靈嚇走。

萬聖節傳到美國變成南瓜節，南瓜雕鬼臉放門口，點上蠟燭，驅鬼避邪。也是孩子最愛的「不給糖，就搗蛋」（Trick-or-Treat）日子，不論城市鄉下，孩子扮成各種造型，挨家挨戶索糖，玩的不亦樂乎！

1.一群盛裝的男女海盜／2.天真逗笑的娃娃鬼／3.兩隻惡鬼／4.利用服裝，一人飾兩角／5.超人抱超人／6.眼光邪惡的阿拉伯大頭鬼／7.戲裝的埃及豔后和羅馬將軍／8.美麗俊俏的花仙女

安老師帶你玩D.C. 到喬治城體驗大鬼小鬼的童心

萬聖節

萬聖節和中元節一樣，都是鬼魅的時節。華府萬聖節鬧鬼最兇的是喬治城，連市長每年都去尋樂，而郊區維州的亞歷山卓市、Fairfax、馬州的Rockville，鬼節也玩得顛，但沒喬治城那麼駭。地鐵到離喬治城最近的是Foggy Bottom站，出站西北行，跨過洛克溪，離城幾條街外，已見鬼影憧憧，Pennsylvania Ave.上，鬼匯流成市，十多分鐘到市中心已是「鬼山鬼海」。首先見到一隻惡鬼，鬼嚇人，誰都不怕誰。沒走幾步看到鬼撞衫，一大一小2個都扮超人，大超人一把將小超人抱起，在空中飛舞幾圈，眾鬼圍觀拍手叫好。

鬼嚇人越醜越惡越好。兩個頭上淌血，削掉鼻子的醜陋大惡鬼，躲在陰暗處等著給人好看，窮凶惡極的模樣堪稱第一名。街邊兩個鬼頭鬼腦的阿拉伯大頭鬼，不懷好意的衝著我們鬼笑，邪惡的眼神，明知是假，也讓人有點發冷。西洋鬼不盡然都醜，也有像娃娃一樣可愛的，兩個拿著玩具的嬰兒，逗趣地在街邊嬉戲打鬧，引得眾鬼排隊照相。

一轉身，眼睛一亮，2位俊俏的花仙女，「能不能照張相？」平常問這話唐突，可現在回答的熱情，她們精心設計的造型，搏得每個人欣賞。街轉角一群海盜，獨眼龍船長拿金槍，女海盜搔首弄姿擺姿勢，歡迎拍照。台灣過節時看過「老背少」，這裡是洋里洋氣的「少背老」，大個子把小女孩壓得直不起腰。

這晚的喬治城大人玩的比小孩子顛，笑的鬧的精疲力盡。近午夜渴了累了睏了要回了，惡鬼還從四面湧來。萬聖節來華府要到喬治城，體會美國大人和小孩一樣的赤子之心。

感恩節
Thanksgiving

家人同聚 & 歲末購物季開始

🕐 11月最後一個週四

感恩節的由來

　　1620年9月，英國102名清教徒為追求信仰自由，搭乘五月花號（Mayflower）帆船，駛離英國普利茅斯港（Plymouth Port）前往美國紐約。66天後他們迷航，在美國東岸鱈魚角（Cape Cod）附近下錨，其後他們越過麻薩諸塞灣（Massachusetts Bay）朝向紐約哈德遜河（Hudson River）航行，途中遇淺灘亂流，一個月後被迫在麻薩諸塞州（Massachusetts）波士頓南邊海灘登陸並建立村莊，為紀念故鄉，他們將這個港口命名為普利茅斯港。

　　經過風雪交加、食物短缺的寒冬，雖有當地瓦婆濃族（Wampanoag）印第安人的協助，但還是有許多人無法挺到來年。大地春回，印地安人教他們捕捉鰻魚及種植玉米。1621年秋，他們迎來在新大陸的第一個豐收，為慶祝收成及感謝印地安人的幫助，他們舉辦了一個持續3天的盛大宴會，參加者有五月花號倖存的53人及90位原住民，餐桌上的主食是烤好的當地野火雞。清教徒感恩圖報，以後每年舉

辦感恩餐會。

兩百多年來，美國各州感恩節日期不同。直到1863年南北戰爭時期，林肯總統才訂下11月最後一個週四為感恩節。

受難火雞一二事

1947年起，美國火雞協會每年提供一隻活火雞及兩隻烤好的火雞給白宮。感恩節是火雞受難日，2015年有約4千5百萬隻火雞成為桌上美食。眾多火雞中僅有兩隻超級幸運火雞，可經總統特赦逃過一劫。

此傳統緣於何時眾說紛紜，據白宮學者說法，最早林肯總統就曾赦免過火雞，其後杜魯門及甘迺迪總統也特赦過火雞，正式列入史冊將其定為傳統的是老布希總統。每年經總統特赦的火雞被送往附近的動物園安享天年，可惜兩隻幸運火雞，都因養的太肥而沒有任何一隻活過一年。白宮的幽默為感恩節增添話題。

看遊行、吃大餐、說感謝

華府沒有舉辦感恩節遊行，若想看遊行，可到離華府最近馬里蘭州銀泉市（Silver Spring），及維州杜勒斯機場附近的瑞斯同市（Reston），開車約1小時車程可到，看完之後，再返回市區享用火雞大餐。

烤火雞大餐會搭配馬鈴薯、紅薯、南瓜餅、甜玉米、蔓越莓醬及秋季蔬菜。晚宴時，全家每個人會輪流說出該年度最感謝的人與事。

1.商店推出的感恩節應景商品 / **2.**烤好的12磅重大火雞 / **3.**應景水果 / **4.**超市推出的冷凍火雞 / **5.**感恩節家庭晚宴 / **6.**感恩節特價食品標示 / **7.**超市的感恩節鮮花與氣球

旅行小抄

華府沒有感恩節遊行

可到紐約參加自1924年起，在曼哈頓舉行的梅西感恩節大遊行（Macy's Parade）。感恩節隔日的黑色星期五購物日，是近年新興的活動，各大名牌電器、百貨、日常用品，一折再折，流血大犧牲，特價清存貨。本書購物情報章節介紹的各大賣場，都是黑色星期五的最佳敗家場所。

聖誕節
Christmas Day

看聖誕樹點燈儀式

🕐 12/25，慶祝活動約從一個月前陸續展開

美國是信仰自由的國家，主要宗教是基督教。歷屆總統上任都要左手按《聖經》，右手高舉宣誓，在大法官見證下就職，足見基督教在美國的重要性。

國家聖誕樹點燈儀式

華府慶祝聖誕節從12月1日白宮南橢圓廣場（The Ellipse）的國家聖誕樹點燈儀式開始，這個傳統是從1923年卡爾文・柯立芝（Calvin Coolidge）總統開始建立的。2016年的國家聖誕樹為體現環保意識，以310顆白色、350顆紅色及藍色LED燈裝飾，總功率7,500瓦，耗電是白熾燈泡的1/5，節省7,000磅的溫室氣體排放，等於減少燃燒2噸煤。圍繞國家聖誕樹四周是50州和領地的小型聖誕樹，每棵樹上裝飾著各州獨特的手工飾品。

2016年的點燈儀式由18:30的軍樂隊演奏開始，接著是歌星演唱，與歷年的傳統節目「說故事」時間，由當時的第一夫人米雪兒・歐巴馬（Michelle Obama）及勇奪4枚奧運

48

聖誕節

游泳冠軍的席夢‧曼紐爾（Simone Manuel）共同朗誦「聖誕節前的夜晚」（Night Before Christmas）。這是歐巴馬總統任內最後一次國家聖誕樹點燈，他出現時會場的氣氛嗨到最高點，觀眾不斷高喊「再4年，再做4年」。他發表簡短談話後，和群眾一起倒數讀秒，最後一瞬間，高大的國家聖誕樹在夜空中迸放出萬丈光芒。

國會聖誕樹點燈儀式

國家聖誕樹點燈之後，是12月6日國會山莊舉行的「國會聖誕樹」點燈儀式。11月底從愛達荷州（Idaho State）的佩耶特國家森林（Payette National Forest）運來高22公尺的雲杉，裝飾得美輪美奐豎立在國會山

莊西草坪，入夜後從很遠就可看到五彩絢麗的國會聖誕樹。國家聖誕樹和國會聖誕樹在新年來臨前照亮華府夜空，這段時間到華府的遊客，可同時欣賞這兩棵眩耀奪目的聖誕樹。

1.馬州洛克威爾市的冬日戶外溜冰場／2.洛克威爾市的聖誕街景／3～4.商店販售應景的聖誕節裝飾品／5.購物中心布置的聖誕樹／6.布置好舞台的白宮南草坪／7.聖誕節門前裝飾／8.光采耀目的白宮國家聖誕樹

知識充電站

聖誕節的典故

每年12月25日是基督教的聖誕節（或稱耶誕節），它是基督教紀念救世主耶穌基督誕生的日子。據《新約聖經》描述：約瑟和瑪莉亞到達伯利恆時，旅館已沒有房間，只能讓救世主耶穌在馬槽裡誕生。羅馬曆這天是「冬至」，是一年裡夜晚最短的一天，祂選擇在這天誕生，拯救人類罪惡，象徵黑暗逐漸消失，光明逐漸增強。

跨年迎元旦
New Year's Eve Day

璀璨煙火，除舊佈新

🕐 12/31～1/2

除夕夜的派對，堪稱一年裡最貴、最豪華的活動。但華府也有很多活動，可以讓你用經濟實惠的方式，享受跨年的喜慶氛圍。看施放煙火不花錢，觀賞國家動物園的燈光秀，或到國家植物園參觀華府地標模型也是免費。另外，國家廣場的跨年倒數，雖然沒有紐約時報廣場（Times Square）的人潮洶湧，但和數萬群眾一起倒數，也足以嗨到最高點。

波多馬克河煙火秀

除夕怎能沒有煙火秀？波多馬克河對岸維州亞歷山卓市河邊，會有音樂演奏、木偶戲、歌星演唱，之後就是煙火秀。你可以帶著一張摺疊椅加毛毯，到魚雷工廠改成的藝術大樓前，或寬廣的碼頭甲板上，還是到河濱公園的草坪，就可充分享受嘉年華的樂趣。

更羅曼蒂克一點，可買張觀光遊艇船票，盪漾在波多馬克河的微波上。午夜，施放煙火的隆隆聲，觀眾的驚呼聲，五彩煙花一陣陣，用

各種形狀照亮夜空。

適合全家的跨年活動

國家動物園是全家跨年的好地方，雖然它的開放時間與平時一樣，但足夠看看斑馬、駱駝、老虎、大象等動物。最神奇的是17:00後，廣大草地變成五顏六色燈光展示場，數萬個LED燈，伴著輕快節日音樂，照亮整個園區。走累了，茶點區有各種美味點心，蛋黃酥、餅乾、薑餅、飲料等讓你補充體力。

另一處值得推薦的跨年地方，是國會山莊西南邊的國家植物園。冬天的植物園周遭，樹木葉落殆盡，入園後長滿亞熱帶植物的中庭，仍然滿眼鬱鬱蔥蔥，圍繞中庭的模型火車，D.C.地標建築的植物複製品，怒放的聖誕紅，加上城裡最大的室內裝飾樹，和巨型蝴蝶、蜜蜂、群花包圍的叢樹。博物館都在跨年倒數前關閉，一年的最後一天，從國家植物園走出來，漫步在寬廣的國家廣場。跨年！豪氣地站在美國首都的國家廣場，會讓你終身難忘。

1.夕陽下反映池到影著華盛頓紀念碑 / 2.國會山莊遠景 / 3.燈光燦爛的街景 / 4.煙火秀 / 5.酒吧中狂歡的客人 / 6.跨年晚宴餐館大排長龍 / 7.冬季的室外溜冰場

旅行小抄

其他跨年好去處

喜歡跳舞的人可到14th St. NW街，聖鬥士咖啡廳(Café Saint-Ex)地下室的Gate 54酒吧，參加擠滿人潮的免費舞會。或到U St.靠近9th St.轉角的Nellie's Sports Bar，有現場DJ播放音樂及新年除夕派對，一瓶$3的啤酒可玩到22:00，$15的百威可留到午夜，和現場跳鬧喧嘩的人們一起轟聲倒數，迎接嶄新的一年。

住宿、美食、購物情報

華盛頓D.C.的旅遊住宿，從豪華高級的5星級飯店到物美價廉的青年旅館等應有盡有。這裡例舉一些受旅客好評的旅店，提供你依自己的預算做抉擇。

出外旅遊遍嘗各地美食是老饕的最愛。華府是個國際大都市，有世界各國各式各樣美食，也有本地特色的海鮮牛排等。本篇從高級飯店到獨具特色的路邊快餐車等，都選出幾家，讓你吃得口頰留津，回味無窮。

選個伴手禮，或買個名牌慰勞自己，華盛頓D.C.不會讓你失望。涵蓋馬州和維州的大華府生活圈，聚集眾多百貨公司、購物中心、批貨市場等，經濟的價格、高級的品質、世界的名牌，送禮自用都滿意。

住宿情報

　由於華府規定建築高度不能超過華盛頓紀念碑頂，限制了旅館房間數量。4、5星級如Hilton、Marriott、Sheraton等旅店，房價動輒超過$400，可上網查詢。本篇主要介紹物美價廉的3星級飯店、青年旅館、民宿等，供出差、開會、參展、旅遊及打工遊學學生選擇。

【豪華型旅館】

Embassy Circle Guest House

http www.dcinns.com/embassy
✉ 2224 R St. NW, Washington, DC 20008
☎ (202)232-7744
💲 旺季約$260～325，淡季約$180～240
　免費Wi-Fi
➡ 地鐵紅線／Dupont Circle站／出站沿Massachusetts Ave.北行約5分鐘即達
MAP P.11／E4

　此4星級旅館是由一座19世紀豪宅改建的，位於杜邦圓環使館區，交通方便。走路15分鐘可到白宮、國家廣場等觀光景點，8分鐘可到國家動物園。沿Massachusetts Ave.北行，途中有不同風格建築的各國大使館。飯店客房布置高雅舒適，圖書室、休閒區也清爽精緻。提供免費西式自助早餐。

　旅館前的Massachusetts Ave.上有許多精品店、骨董店、名牌服裝店等。也有許多高級義、法餐廳，價廉味美的連鎖快餐店。晚間漫步在19世紀的街道，古典與現代並陳的櫥窗設計賞心悅目，夜店酒吧分布在鄰近的巷弄裡，可放鬆心情體會異國情調的夜生活。

1.英國古典式建築正面／2.典雅的讀書看報休息區／3.咖啡茶水全天供應／4.舒適的客房

Hotel, Gourmet & Shopping

Holiday Inn

🔗 www.inndc.com

✉ 1501 Rhode Island Ave. NW, Washington, DC 20005

📞 (202)483-2000

💲 約$150～200，免費Wi-Fi

➡ 地鐵紅線 / Dupont Circle站 / 出站後沿 Massachusetts Ave.東南行3個街口至 Rhode Island Ave.，轉東北方向1個街 口即達

🗺 P.12 / A5

此世界連鎖3星級假日飯店位於市中心，交通十分便利。白宮、博物館、會展中心、唐人街都在10分鐘步行距離內，逛街購物也都在附近。飯店有室外游泳池、健身房、美容院及網球場等。

飯店設計很溫馨，大廳寬敞，最繁忙時段也不覺得擁擠。休息區有舒適座椅，及提供手機或筆記本電腦充電的插座。餐廳整齊清潔，只是和附近的餐館相比價格稍微貴了些。飯店管理很有效率，入住手續不用5分鐘即可完成。

1.大樓外觀 / **2.**休息區 / **3.**附設餐廳

Hotel Harrington

🔗 hotel-harrington.com

✉ 436 11th St. NW, Washington, DC 20004

📞 (202)628-8140

💲 約$200～250，免費Wi-Fi

➡ 地鐵藍、紅、銀線 / Federal Triangle 站 / 出站後沿12th St.北行2個街口，於 E St.右轉即達

🗺 P.16 / B1

飯店位於國會大廈和白宮之間，靠近唐人街，在華府旅遊區的中心地帶，可輕鬆步行到所有的景點和博物館。步行3分鐘可至Federal Triangle地鐵站，可搭地鐵擴大探索D.C.的範圍，是來華府旅遊的理想居住處。

飯店有一間平價餐廳，及一間快餐店，附有酒吧，優點是位置方便，到國家廣場參觀博物館的空檔，可回飯店休息一下，再出去繼續參觀。因在商業區，可欣賞精美的商店櫥窗設計，晚上附近有許多有趣的活動，威訊中心（Verizon Center）經常有球賽，或世界有名的劇團表演，可前往觀賞。

1.歷史建築改建的旅館外觀 / **2.**旅館成立後歷屆總統的肖像走廊 / **3.**客房內部

Comfort Inn

🌐 www.dcdowntownhotel.com
✉ 1201 13th St. NW, Washington, DC 20005
📞 (202)682-5300
💲 約$100～150，免費Wi-Fi
➡ 地鐵藍、橘、銀線 / McPherson Square 站 / 出站沿I St.東行2個街口，至13th St.左轉，北行4個街口即達
🗺 P.12 / B5

連鎖2星旅館，位於Logan Circle 高級社區，鄰近會展中心。建築最早建於1927年，是華府的歷史建築之一，它的歐洲風格設計有小型精品飯店的感覺。內部完全翻新過，但保留了原來維多利亞風格的外觀，是華府外觀古典、內裝現代的獨特旅館。每間客房都不相同，窗戶看出去的城市天際線景觀，讓每位旅客有不同感覺。走路可達唐人街、建築博物館、國家檔案局等，聯合車站、國會山莊、聯邦最高法院等，也都在半小時步行距離。

1.面臨13街的正門 / **2.**電腦室及販賣部 / **3.**客房區走廊

【青年旅館】

HI Washington D.C. Hostel

🌐 hiwashingtondc.org
✉ 1009 11th St. NW, Washington, DC 20001
📞 (202)737-2333
💲 上下舖床位每晚約$30～45，免費Wi-Fi
➡ 地鐵紅、藍、橘線 / Metro Center站 / 出站沿G St.東行，至11th St.左轉步行約5分鐘即達
🗺 P.12 / B6

華府市區最有規模的青年旅舍，提供儲物櫃、檯燈及共用浴室。客房是乾淨清爽的上下舖。有客廳、洗衣設施、電視室、圖書館及可下廚的廚房。廚房的不鏽鋼廚具可用得安心，每人有存放食物的籃子，不用擔心和別人弄混。供應豐盛的免費歐式早餐，每週有免費活動，包括歡樂之夜、旅遊觀光及酒吧狂歡等。

距國家廣場或白宮步行5分鐘，購物和餐飲店都在步行距離內。若不介意和各色人等住一間房，也能忍受別人睡覺打呼，它會是學生及背包客能負擔的最佳住處。

1.旅舍正門 / **2.**兩張上下舖的四人客房 / **3.**咖啡廳

Hotel, Gourmet & Shopping

Capital Comfort Hostel

🌐 runinout.com/Capital-Comfort-Hostel
✉ 1610 7th St. NW, Washington, DC 20001
☎ (877)889-6499
💲 房型分2、4、6、8床，每床每晚約$25～45，私人房約$100～150，免費Wi-Fi
🚇 地鐵綠線、黃線／Shaw-Howard Univ 站／出站沿7th St.南行2個街口即達
🗺 P.12／C4

旅館保證是Hostel房價最便宜的，如果找到價格更低的，它會給你5%的折扣。整棟房屋比較老舊，房間還算整齊清潔。除了合住的房間之外，也有價格高些的私人房。公共設施有廚房、投幣式洗衣機等，客廳有D.C.景點的介紹手冊、地圖、雜誌等。

交通方便，步行5分鐘到會展中心、15分鐘到唐人街、12分鐘到白宮、20分鐘到國家廣場，大部分博物館及紀念館都在步行30分鐘距離內。有些房客覺得房間不夠安靜，清潔也有待改善，如不是很挑剔，這裡是划算的選擇。

Capital Comfort Hostel保證房間價格是Hostel中最低

High Road Hostel D.C.

🌐 highroadhostels.com
✉ 1804 Belmont Rd. NW, Washington, DC 20009
☎ (202)735-3622
💲 房型分4、6、8床，床位每晚$45～60，免費Wi-Fi
🚇 地鐵紅線／Woodley Park-Zoo站／出站沿Connecticut Ave.南行，至Calvert St.轉左，至Biltmore St. 轉右，至19th St.轉右，至Belmont Rd.轉左即達，步行時間約16分鐘
🗺 P.11／F2

這是家旅客評比得分頗高的旅館，是同型旅館中最優良的。位在繁華的亞當斯摩根（Adams Morgan）市區內，附近有許多餐館、酒吧、夜店，是當地人最愛流連的商區。公共區及客房都重新設計和裝修過。雖價格比一般青年旅館偏高，但投宿這裡的遊客素養不錯，相處感覺舒適溫馨。

客廳有電視、Wi-Fi、迷你圖書館，前門可看到亞當斯摩根的繁華夜生活。旅館經常舉辦社交和電影之夜，提供免費咖啡、冰淇淋、熱巧克力等食物。共用的廚房有大理石桌面、不鏽鋼餐具、炊具等，乾淨清潔。旅館距會展中心及華府萬豪大酒店（Marriott Hotel）都很近。

這是家位於Adams Morgan鬧區的優良旅館

City House Hostels

cityhousehostels.com
506 H St. NE, Washington, DC 20002
(202)370-6390
房型分2、4、6、8床,每床每晚約$35~50,免費Wi-Fi
地鐵紅線 / Union Station站 / 至大廳正門出口,沿Union Station Dr.西行,在Columbus Circle轉左,同一條路變名F St.,西行4個街口至5th St.左轉,走2個街口至H St.即達,全程步行約12分鐘
P.13 / F6

此青年旅館位於商住混合區,周圍有許多商店、餐館、酒吧,晚上可出去輕鬆散步。走路到聯合車站、國會山莊或唐人街都只需10多分鐘。

旅館規定入室須脫鞋,宿舍不能

有食物或飲料,所以不論共用的客廳、浴室、廚房,甚至住房內都很清潔。附設圖書館有許多書籍,也可玩遊戲或下棋。24小時都可入住,遲一點到也沒問題。旅客有個人的儲物櫃,可供存放貴重物品。

City House Hostels注重清潔,提供個人儲物櫃

【民宿】

The Kalorama Guest House

kaloramaguesthouse.com
2700 Cathedral Ave. NW, Washington, DC 20008
(202)588-8188
約$79起,免費Wi-Fi
地鐵紅線 / Woodley Park-Zoo站 / 出站沿Connecticut Ave北行,至Cathedral Ave轉左即達
P.11 / D1

Kalorama位於D.C.的伍德利公園市(Woodley Park),是一家附早餐的民宿。緊臨Connecticut Ave.,沿街許多購物、美食、酒吧、夜店等,是熱鬧的商業區。生活機能

和交通都方便,萬豪酒店(Marriott Hotel)、洛克溪公園(Rock Creek Park)、國家動物園都在兩個街口內,離紅線地鐵動物園站、亞當斯摩根、杜邦圓環、希爾頓飯店(Hilton Hotel)、丘吉爾飯店(The Churchill Hotel),步行10分鐘內。

民宿不論價格、舒適度和交通方便性都很優。來開會或旅遊比住市區旅館經濟實惠,住過旅客的評價很高,尤其欣賞豐盛的早餐。

1.客棧臨街正門 / 2.入門門廊 / 3.臨後院的小窗與小書桌

Adams Inn

http adamsinn.com

✉ 1746 Lanier Place NW, Washington, DC 20009

☎ (202)745-3600

💲 約$79起，免費Wi-Fi

➡ 地鐵紅線／Woodley Park-Zoo站／出站沿Connecticut Ave.南行，2個街口後在Calvert St.左轉，走路約8分鐘至Adams Mill Rd.左轉，1個街口後至Lanier Pl.轉右，3個路口即達，全程步行約15分鐘

MAP P.11／F1

　Adam's Inn在熱鬧的亞當斯摩根市的安靜住宅區，有乾淨、清爽、樸實的房間，和愉快輕鬆的美式民宿氣氛。附近是多元文化的娛樂區，有超過百家D.C.最受歡迎的商店、餐館、酒吧和俱樂部。客房有空調，每天供應美味的歐式早餐。

　公共區域有電視休息室、免費上網的電腦室、閱讀室、庭院花園等。早餐時間08:00～09:30，有水果、糕點、水煮蛋和切片起士等，咖啡和茶全天免費供應。唯一缺點是因為靠近國家廣場，停車較困難且貴。

1.民宿外觀／**2.**休息交誼區／**3.**餐廳

An's Home Stay

http sites.google.com/site/anhomestay

✉ 521 Pinewood Rd., Rockville, MD 20850

☎ (571)315-1148

💲 一人一間每晚$50，兩人一間每晚$60，三人一間每晚$75，免費Wi-Fi

➡ 地鐵紅線／Rockville站／東邊出口，沿Park Rd.東行轉N Horner Ln.，3個街口後，在Pinewood Rd.右轉，步行約8分鐘

　民宿位於大華府生活圈內，搭地鐵到白宮約25分鐘，所有D.C.景點都在30分鐘內。洛克威爾市（Rockville）是D.C.華人集中區，生活機能方便，附近有大中華、美新、唐人街等華人超市，頂鮮台菜、老四川、彼得張等中餐廳。

　民宿是Single Family House，客房的床單、床罩、枕頭套每次換洗。牙刷、浴巾、沐浴乳等私人用品需自備。客廳、冰箱、烤麵包機、微波爐等公用，廚房有碗盤、瓦斯爐，可自行準備食物。民宿有免費停車位，國、台、英語都通。

1.位於住宅區的民宿外觀／**2.**用餐區／**3.**兩張上下舖的四人客房

The Inn at Dupont Circle

🌐 thedupontcollection.com
✉ 1312 19th St. NW, Washington, DC 20036
📞 (202)359-8432
💲 約$89起，免費Wi-Fi
➡ 地鐵紅線／Dupont Circle站／出站沿19th St.南行1分鐘即達
🗺 P.11／F5

位於杜邦商圈的傳統維多利亞風格旅店，附近亞當斯摩根及喬治城有許多劇院、藝廊、咖啡館和5星級餐廳。旅行指南曾推薦杜邦商圈是D.C.現場樂隊演奏最多的地方，漫步在U St.夜總會區，隨處可聽到酒吧窗戶流出的藍調及爵士樂聲。

供應豐富的早餐，有新鮮火腿、煙燻鮭魚、煎蛋、香腸、煎餅或法式吐司，水果、麥片、酸奶、烘焙麵包及果汁、咖啡和茶等，質感不輸5星級飯店。交通方便，白宮、博物館及華盛頓紀念碑等步行距離15分鐘。

這家B&B位於一棟1885年的老建築內

美 食 情 報

華府人口有多多元，美食種類就有多豐富。從百年沙龍名店、海鮮餐廳、各國佳肴，到咖啡館、蔬食與熱狗輕食等應有盡有。

Old Ebbitt Grill

🌐 ebbitt.com
✉ 675 15th St. NW, Washington, DC 20005
📞 (202)347-4800
🕐 週一～五：早餐07:30～13:00、午餐11:00～17:00、晚餐17:00～00:00、宵夜00:00～01:00
週六、日：早午餐08:30～16:00、晚餐16:00～00:00、宵夜00:00～01:00
💲 $25～40
🗺 P.16／A1

創業於1856年，是D.C.政治人物、記者、軍官最常聚會的餐廳之一。距白宮和博物館區僅幾步之遙，客人包括第18任總統尤利西斯・格蘭特（Ulysses S. Grant）、第22任總統格羅弗・克利夫蘭（Grover Cleveland）及第26任總統狄奧多・羅斯福（Theodore Roosevelt）等，桌子上會有張藍色卡片，寫著「某位政

治家、名人曾在此桌做客。」

　酒店有氣派的大門、桃花心木餐桌、天鵝絨窗簾及大理石、玻璃裝飾的酒吧。可品嘗到以新鮮食材精心烹調的高檔美式沙龍菜肴。雖然價格不便宜，但可讓人耳目一新。

1.Old Ebbitt Grill歷史悠久 / **2.**豪華的中堂用餐區 / **3.**繁忙的吧檯一景

Pavilion Cafe

📠 pavilioncafe.com
✉ 國家美術館西側雕塑公園內，入口位於Constitution Ave.與Madison Dr.之間9th St.上
📞 (202)289-3361，ext.5
🕐 勞工節～11月中：週一～六10:00～16:00，週日11:00～17:00
　11月中～3月中：週一～四10:00～19:00，週五、六10:00～21:00，週日11:00～19:00
　3月中～陣亡將士紀念日：週一～六10:00～16:00，週日11:00～17:00
　陣亡將士紀念日～勞工節：週一～四10:00～18:00，週五10:00～20:30，週六10:00～18:00，週日11:00～18:00
🚫 12/25、1/1
💲 約$10～20
🚇 地鐵綠、黃線 / National Archives站 / 沿7th St.南行2個街口，至Constitution Ave.右轉，進雕塑花園即達
🗺 P.16 / B2

　Pavilion Cafe是國家美術館（National Gallery）經營的高級咖啡廳，地點方便，氛圍優雅，大片玻璃窗可俯瞰國家美術館的雕塑花園。夏天可一面用餐一面享受現場爵士樂演奏，冬季中央噴水池變身溜冰場，可欣賞冰雕玉鑿的冰雪世界。咖啡廳現做的生菜水果沙拉、法國三明治、各種Pizza、果汁飲料，新鮮健康。

　也可在咖啡廳購買食物和飲料到花園的噴水池旁，享受開放空間的野餐氣氛，同時欣賞雕塑公園的藝術作品，但請注意公園內不能飲用酒精飲料，以免被沒收罰款。

1.咖啡廳正門 / **2.**戶外用餐區 / **3.**寬敞明亮的大廳 / **4.**義大利焗烤與沙拉

Taipei Cafe

- ✉ 802 Hungerford Dr., Rockville, MD 20850
- ☎ (301)838-5998
- 🕐 週一～五10:00～22:00，週六、日11:00～23:00
- 💲 每人約$20
- ➡ 地鐵紅線／Rockville站／東邊出口出站沿355公路北行約10分鐘，經過美心超市，大中華超市即達

頂鮮台灣料理是D.C.地鐵可達的道地台灣餐廳。內部布置精巧細緻，溫馨典雅，像自家餐廳一樣。牆上隨處可見一些有趣的台灣俚語，像「聽某啄大富貴」、「喫飯皇帝大」，台語唸起來更傳神，它的宗旨是「台菜美味，調理道地」，可見老闆經營的用心。

頂鮮除常見的台灣料理外，還提供台灣特色小吃，像蚵仔煎、台式刈包、桶仔米糕、菜脯蛋、鹹酥雞等，因為菜色豐富口味地道，不僅華人，西方人也來品嘗。美國旅遊，懷念台式美食，可來這裡安慰一下思鄉的味蕾。

1. 高朋滿座的內廳／**2.** 古早味的餐牌／**3.** 夜市小吃蚵仔煎

Hank's Oyster Bar

- 🌐 hanksoysterbar.com
- ✉ 1624 Q St. NW, Washington, DC 20009
- ☎ (202)462-4265
- 🕐 週一～四11:30～23:00，週五11:30～02:00，週六11:00～02:00，週日11:00～01:00
- 💲 約$20～30
- 🗺 P.11／F4

喜歡生蠔的美食主義者，可來這家海鮮餐廳。它的海鮮，龍蝦、魷魚、蛤蜊、生蠔及各種魚類，都來自附近沿海地區。老闆潔米‧利茲(Jamie Leeds)是生蠔美食家，她說：「契撒皮克灣(Chesapeake Bay)東岸生蠔的殼較扁平，西岸生蠔比較圓滾。兩處生蠔都鮮美，適當加點料酒，滋味永生難忘。」

餐館有3家連鎖店，分別在杜邦圓環、亞歷山卓和國會山莊。生蠔來自全國各地，有味道較淡的，也有偏鹹、偏黑的。新客人可品嘗較淡的，習慣後再嘗試味道濃厚的。除生蠔外，烤魚、蟹肉糕、奶油龍蝦等，也都是天下美味。

1. 餐廳外觀與街邊戶外用餐區／**2.** 酒水吧檯／**3.** 生蠔總匯

MERZi Fresh Indian Kitchen

- merzi.com
- 415 7th St. NW, Washington, DC 20004
- (202)656-3794
- 週一～六11:00～21:00，週日11:00～20:00
- 約$10～15
- 地鐵綠、黃線/Archives-Navy站/出站沿7th St.北行1個路口即達
- P.16/C1

想吃得稱心、荷包滿意，可來這家印度輕食餐廳。點菜簡單三步驟，一選主食，有香米、印度餅、青菜沙拉和印度熟食。二選主菜，羊肉、雞、牛、純素等。三選配菜與醬料，玉米、洋蔥、磨菇等，及你想要的醬料。飲料是有機牛奶、芒果汁、甘蔗汁特調等。

店家重視養生，每個餐盤裡各種顏色的蔬菜，都是健康食材。店內綠色系布置，搭配溫馨的橘紅色燈罩，營造出舒適的用餐環境。

1.MERZi店名的意思是「選擇」/ 2.到此用餐，可以吃到自己想要的菜色與醬料/ 3.純素招牌餐

Sweetgreen

- sweetgreen.com
- 2221 I St. NW, Washington, DC 20052
- (202)507-8357
- 10:30～22:00
- $10～20
- P.11/E6

Sweetgreen是販售健康食品的連鎖餐廳。從原料採購、保存及烹調方式都盡量透明化，餐廳黑板表列當日食材來源，開放式廚房，食物處理方式一覽無遺。餐廳布置簡單樸素，牆壁上是當地藝術家的攝影、油畫、水彩畫和霓虹燈作品，讓每間分店都各具特色。幾年間，Sweetgreen發展快速，遍布美國各地及華府地區。

餐廳每道菜都詳列食材成分，在處理時保持原味，讓你對食物的真正味道有另一種感受。令人稱讚的是每道菜都列出熱量，可清楚知道吃進多少，有助於控制體重。重視健康的人，不妨來此品嘗美食。

1.SweetGreen是家標榜健康飲食的餐廳/ 2.樸實的木質餐桌椅/ 3.顧客選擇沙拉後，由工作人員當場調味

Oyamel Cocina Mexicana

http oyamel.com
✉ 401 7th St. NW, Washington, DC 20004
☎ (202)628-1005
🕐 週日～三11:00～00:00，週四～六11:00
～02:00
💲 $15～25
MAP P.16 / C1

當你到國家廣場附近的越戰紀念碑時，感到眼前好像看到一片肌餓牆，卻不想用美式速食填飽肚子，那可走5分鐘到Oyamel Cocina品嘗道地的墨西哥美食。它們的食物揉合了墨西哥地方特色和現代化的創意。菜單有傳統的塔可(taco)、玉米餅(tortilla)、烤雞、燒豬肉和墨式甜點，配上一杯墨西哥特產龍舌蘭酒(tequila)，是舌尖至高享受。

因價格大眾化，餐廳裡寬敞的大廳，和臨街的餐桌總是擠滿了客人。傳統墨西哥裝潢的氛圍下，或悠閒用餐，或到吧檯來一杯風味獨特的瑪格麗塔酒(margarita)，感受華府的異國情調。

1.臨街的展示櫥窗 / 2.街邊的露天用餐區 / 3.各種美味熟食

Hot Dog Pizza Food Trucks

✉ 每天的位置不一，大致為以下地區：
國家廣場南北向周邊道路
美國歷史博物館旁12th及14th St.
自然歷史博物館旁9th St.
國家檔案局旁7th St.
美國印地安博物館3rd St.轉角處
白宮旁17th St.
💲 熱狗約$2.5

華府每天都有世界各地來的遊客，他們大多在國家廣場周邊遊覽。為了爭取時間看名勝景點，很多遊客通常會在路邊的快餐車花個小錢買熱狗，加杯可樂，湊合著解決民生需求。各式各樣的快餐車，以及端著盤子在路邊吃東西的紅男綠女，成了D.C.街頭特色。

要滿足遊客飲食需求，又不妨礙市容交通，D.C.市政府規定快餐車只能停在特定區域。國家美術館東側有一家專賣烤肉串的快餐車，經常大排場龍，值得花點時間排隊等候。

1.大街旁的快餐車 / 2.拉起遮雨棚的可愛餐車 / 3.車身有菜單，一看就知道賣什麼

FOGO de CHÃO Brazilian Steakhouse

- fogodechao.com
- 1775 Tysons Blvd Suite 50, Tysons, VA 22102
- (703)556-0200
- 週一～五午餐11:00～14:00、晚餐17:00～22:00，週六11:30～22:30，週日11:30～21:00
- $30～50
- 地鐵銀線／Tysons Corner站／下車後沿Tysons Blvd.北行約4分鐘即達

1979年於巴西首創的FOGO de CHÃO是傳統風味的巴西烤肉餐廳，因食材新鮮，醃製入味，及獨特的烤肉風格，1997年在德州達拉斯（Dallas, Texas）開設美國的第一家店後，很快在美國各地風行。

烤肉種類有羊、牛、雞、豬等，每種肉類又有多種口味的選擇。服務員兩手端著鐵支上烤好的肉串不停地在餐廳巡行，每位客人面前有一張10公分直徑的圓形指示牌，翻在綠色面，表示請多加肉，紅色面表示暫時夠了。大堂中央有蔬菜水果的沙拉吧，紓解肉食過度的油膩。價格稍貴，但能享受道地異國風味也值得。

1.玻璃大門／**2.**高雅的用餐區

購物情報

不論是悠閒逛街，欣賞漂亮的櫥窗設計，還是採購有地方特色的伴手禮，或到Outlet撿便宜，華府都能滿足各人購物所需。

L'Enfant Plaza

- www.lenfantplaza.com
- 429 L'Enfant Plaza SW, Washington, DC 20024
- (202)485-3300
- 週一～五10:00～00:00（每家店營業時間不一）
- 休 週末
- 地鐵藍、綠、橘、銀、黃線／L'Enfant Plaza站／出站即達
- 陽台休息區有免費Wi-Fi；停車場有1,400個停車位，收費比市區其他地方便宜
- P.16／B4

位華府市中心，有40多家餐館和國際精品商店，入口處有寬闊的廣場及噴泉，及引入自然光的三層玻璃大門。是參觀國家廣場博物館區後，採購及用餐的好去處，距國會山莊、白宮走路也只要10分鐘。附近都是如美國之音、國會辦公室、國家印鈔局、農業局等聯邦機構。

1.購物廣場中庭大門／**2.**中庭兒童遊樂區／**3.**美食街的特色咖啡廳

DC USA

http shopdcusa.com
⊠ 3100 14th St. NW, Washington, DC 20010
📞 (202)232-4047
🕐 07:00～00:00，每家店營業時間不一，請上網站進入「Tenants」查詢
➡ 地鐵黃、綠線 / Columbia Heights站 / 出站即達
MAP P.12 / A1

位於哥倫比亞高地（Columbia Heights）市中心，占地16,722平方公尺，是華府最大的室外大賣場集中區。通過20公尺高玻璃圓柱形中庭進入，內部有許多知名零售商，包括專營電器用品的Best Buy、臥室廚房用品的Bed Bath & Beyond、寵物用品店Petco、平價鞋店Payless及Target生活百貨公司等。

它是首都居民的逛街採購場所，上班族每週來一次，就可買足一週生活所需。對遊客也是交通方便，搭地鐵從Columbia Heights站出站即達，或利用公車也可以，若是開車，這裡也有一個大型停車場。

1. 購物廣場一景 / **2.** 購物廣場內女性服飾店 / **3.** 運動服裝店大打折扣

Chevy Chase Pavilion

http chevychasepavilion.com
⊠ 5335 Wisconsin Ave. NW, Washington, DC 20015
📞 (202)686-5335
🕐 07:00～23:00
➡ 地鐵紅線 / Friendship Heights站 / 出站即達

這家購物中心在D.C.西北邊的Wisconsin Ave.及Western Ave.的交叉處，是一棟老建築重新翻修成的商業及採購中心。室內有一個高10公尺、寬20公尺的圖形LED顯示牆，中庭設計寬闊氣派，可無拘無束的漫步其間或購物、或用餐、或只坐著欣賞熙攘來往的各色人等。

購物中心有服裝專賣店H&M、Old Navy、J.CREW等，也有Starbucks、The Cheese Cake Factory、Panda Express中式快餐店等。特別推薦2樓的經典美食餐廳「RANGE」，1,300平方公尺的開放式廚房，可看到廚房及廚師料理的過程，提供麵包、酒吧、烤肉、大西洋海鮮、時令食材、甜點等，是5星級的美食享受。

1. 購物廣場外觀 / **2.** 寬廣的中庭 / **3.** The Cheese Cake Factory是專賣起司蛋糕的連鎖餐廳

Fashion Center at Pentagon City

🌐 www.simon.com/mall/fashion-centre-at-pentagon-city

✉ 1100 S Hayes St., Arlington, VA 22202

🕐 週一～六10:00～21:30，週日11:00～18:00

➡ 地鐵藍、黃線 / Pentagon City站 / 出站即達

位於五角大廈市（Pentagon City）的大型時尚購物中心，有170多家商店和餐館。搭乘地鐵從Metro Center站到Pentagon City站只需10分鐘，出地鐵站即是購物中心。到華府旅遊隨時可來這裡購物、用餐或欣賞百貨公司精緻的櫥窗設計。

購物中心的蘋果商店可買到最新款的iPhone及相關零配件，HUGO Boss、Macy's、Nordstrom、Microsoft、Tumi、ZARA等世界名牌都設有分店，無論來瞎拼，或是全家一日遊，都能滿足需求。逛累了，寬敞的美食廣場有各國特色料理，價格平民化，讓你荷包沒負擔。

1.4層樓高的寬敞中庭 / 2.梅西百貨前購物走廊 / 3.從2樓俯覽美食廣場

Arundel Mills

🌐 arundelmills.com

✉ 7000 Arundel Mills Cir, Hanover, MD 21076

📞 (410)540-5110

🕐 週一～四10:00～21:30，週五～六09:00～21:30，週日11:00～19:00

➡ 地鐵紅線 / Shady Grove站 / 出站轉搭201公車往巴爾的摩BWI國際機場，在Arundel Mills站下車

可以搭地鐵及公車，或自駕從D.C.往巴爾的摩市方向，開車50分鐘路程的Arundel Mills是馬州著名的Outlet，也是餐飲、零售商場及娛樂場所集中地。它有200多家商店，包括Coach、J.Crew、Michael Kors、Lego Store、The Disney Store Outlet等名牌商店。這裡也是馬州的合法賭場，並有世界級遊戲及娛樂場所，其中500個座位的Rams Head中央舞台，每天都有豪華精彩的歌舞表演。

距BWI國際機場（Baltimore-Washington International Airport）和巴爾的摩內港（Inner Harbor）約5公里，也可以順便參觀巴爾的摩水族館（National Aquarium, Baltimore）。

1.男性服飾店Damion Style / 2.展示帽子的整面牆 / 3.女性服飾店

Tanger Outlets at National Harbor

🔗 tangeroutlet.com
✉ 6800 Oxon Hill Rd., National Harbor, MD 20745
📞 (301)567-3880
🕐 週一～六09:00～21:00，週日10:00～19:00
➡ 營業時間內賣場有免費巴士從國家碼頭(National Harbor)的Wyndam Vacation Resorts、Westin Hotel、Gaylord Hotel 到賣場

Tanger Outlet在馬里蘭州喬治王子郡（Prince George County），距D.C.市中心12公里，是華府附近最大的Outlet。它是馬州為吸引D.C.遊客及鄰近居民而特別設立的。超過300家知名品牌在此設店，商品種類齊全，手提袋、服飾、行李箱、玩具、書籍等，都是受大眾歡迎的品牌。

它所在的國家碼頭（National Harbor）是一個海濱商住混合區，有賭場、高檔餐廳、辦公住宅區及世界級酒店。逛完可在附設美食廣場用餐，然後就近前往MGM National Harbor的賭場試試手氣，再到國家碼頭的海濱散步，放鬆一下心情。

1.Lord and Taylor百貨位於商場2樓 / **2.**男性休閒服裝販賣區 / **3.**Macy's百貨商場

Leesburg Corner Premium Outlets

🔗 premiumoutlets.com
✉ 241 Fort Evans Rd. NE, Leesburg, Virginia 20176
📞 (703)737-3071
🕐 週一～六10:00～21:00，週日10:00～19:00
➡ 自駕從D.C.環道I-495 North轉26號州道往西，在1B出口，直行至Fort Evans Rd即達

出國旅遊逛Outlet以折扣價買禮物給自己或親友，實惠又划算。這家是距華府最近的Outlet，位於杜勒斯國際機場西邊約23公里處，在7號州公路和15號高速公路的交叉口。內有ARMANI、Coach、Burberry、Banana Republic、Nike、Polo等超過110個運動服裝、家居、珠寶、禮品等名牌商店，此外也有美食廣場和兒童遊樂場，大人小孩都可盡興。

1.賣場內Food Locker鞋店 / **2.**Vicotria's Secret女性服飾店 / **3.**世界名牌H&M

City Center D.C.

🔗 citycenterdc.com
✉ 825 10th St. NW, Washington, DC 20001
📞 (202)289-9000
🕐 10:00〜18:00，每家店營業時間不一，請上網站進入「Visit」查詢
🗺 P.12 / B6

市中心的商、住、辦公混合區，範圍超過5個街區，是美東最大的城市發展區塊，被稱爲「現代洛克菲勒中心」。世界各大名牌廠商都在此設分店，摩登的櫥窗設計，充滿藝術氛圍，還有多家星級餐廳。

法國料理名店Brasserie Meets Tavern可嘗到海鮮、法國香腸、新鮮蔬果，RareSweets烘焙坊供應新出爐糕餅，還有爲櫻花節設計的巧克力點心，蜂鳥蛋糕、核桃香蕉蛋糕等。街區經常舉辦舞蹈歌唱活動。

1.「BEST BUY」電器用品銷售店 / **2.**休閒服飾展銷 / **3.**美食街中的紐結餅店

Tysons Corner Center

🔗 tysonscornercenter.com
✉ 1961 Chain Bridge Rd., Tysons, VA 22102
📞 (703)893-9400
🕐 週一〜六10:00〜21:30，週日11:00〜19:00，時有調整，請上網站查詢
➡ 地鐵銀線 / Tysons Corner站 / 出站後走行人天橋，可直接到購物中心

泰森角購物中心位在D.C.西邊、首都環道I-498和I-66高速公路交接處。因爲交通方便，它成爲維州商業發展最快的區域，2014年D.C.至IAD國際機場的銀線地鐵第一階段通車後，就能利用大衆交通工具到這裡購物。

購物中心有300多家著名的百貨和商店，如Nordstrom、Macy's、Bloomingdale's、Lord & Taylor、American Girl、Gucci、Apple Store等，電器、服飾、家具、兒童用品、應用盡有。

此外還有內含16個廳的IMAX AMC 3D電影院；頂樓的美食中心供應各國風味餐飲，包括漢堡店Five Guys、披薩店Famigila、墨式快餐California Tortilla等。旁邊還有兒童遊樂區，小朋友也能盡興遊戲。

1.購物中心正門 / **2.**美食廣場的玻璃屋頂 / **3.**American Eagle服飾精品店

華盛頓D.C.
城市特輯

聯邦機構 Federal Government

美利堅合眾國由50個州、華盛頓哥倫比亞特區,和幾個領地組成,是以人民為主體的三權分立國家。聯邦政府由立法、行政、司法,三個權力機構組成,依美國憲法其權力分屬國會、總統及聯邦最高法院。

美國憲法以「制衡」為基礎,劃分三個部門的權力和責任。立法部門(國會)有權制定法律,行政部門(總統)有權否決其立法,反之亦然,避免權力互相凌駕。總統提名國家最高司法機關(最高法院)法官,但提名須經國會批准。最高法院甚至有權將國會通過的法律以「違憲」判定無效。目的在以「制衡」防止獨裁及專制。

聯邦建築大多是高大厚實的花崗石結構,氣勢宏偉壯觀,有萬世傳承的氣派,這些機構都對公眾開放參觀。

白宮
White House
美國行政權力中心

http whitehouse.gov
✉ 1600 Pennsylvania Ave. NW,
Washington, DC 20500
☎ (202)456-7041
➡ 地鐵紅線／Farragut North站／出站
沿17th St.南行5分鐘
⏳ 1小時
MAP P.16／A1

白宮訪客中心
✉ 1450 Pennsylvania Ave. NW,
Washington, DC 20500
☎ (202)208-1631
🕐 每天07:30～16:00
休 元旦、感恩節、聖誕節
MAP P.16／A1

白宮小檔案

白宮是美國總統居住及辦公場所，美國的行政權力中心，也是D.C.最熱門的旅遊景點。西元1800年建造完成，除第一任總統喬治·華盛頓（George Washington）外，每一任總統都居住於此。總統和幕僚在此會見外國領袖、國會議員、重

白宮訪客中心大廳

要人物，做出許多重大的國內外政治決定。

美國總統的人格素養和人本精神，在第二任總統約翰·亞當斯（John Adams）1800年入住白宮時寫給妻子的信裡展現。他說：「我乞求上天賜於這棟房屋，及居於此的人最虔誠的祝福。希望在此屋頂下治理國家的是最誠懇和睿智的人。」（I pray Heaven to bestow the best of blessings on this house, and on all that shall hereafter inhabit it. May none but honest and wise men ever rule under this roof.）小羅斯福總統（Franklin Delano Roosevelt）將亞當斯總統的祝詞雕刻在餐廳壁爐上方，以為銘記。

白宮的老鷹裝飾

白宮外觀

美國歷任總統

1776年美國建國初期政治形勢複雜，1812年因英軍封鎖海岸被迫向英國宣戰，被稱為「第二次獨立戰爭」。1813年美軍進攻加拿大的英國殖民地，英軍則於次年攻入D.C.，放火焚燒了白宮、國會山莊等聯邦機構作為報復。大火燒了兩天，白宮化為灰燼，僅餘焦黑外牆，重建後外牆漆回原來的白色。參觀白宮可順便了解這段歷史。

白宮建築導覽

白宮建築為地下兩層，地上3層，另包含東西廂建築群。1樓大廳有外交接待室、圖書館、館長辦公室等。其中國家樓層是社交和國宴場所。西廂的新聞簡報室最常出現在電視畫面，橢圓形辦公室是總統辦公室，2樓和3樓是總統家庭的起居活動空間。

戰情室是緊急情況時的軍事指揮中心，裝備各種現代化通信工具。獵殺躲藏在巴基斯坦境內的蓋達領袖賓拉登（Osama bin Laden）時，總統、國防部、國務院、國家安全部等首長，都在此觀看從通信衛星傳回的現場即時畫面。東廂有個「總統緊急行動中心」（Presidential Emergency Operations Center），這

旅行小抄

參觀白宮需提出申請

進入白宮參觀需居住地的參議員或駐外使館人員寫介紹信，在21天到半年之前提出申請，批准後才能進入。白宮外圍則可自由參觀，包含附近的玫瑰園、總統公園、拉法葉廣場、甘迺迪花園、南草坪、北草坪等。

白宮旁的訪客中心是總統專題博物館。其中有一個小型劇院，連續放映介紹白宮內外的14分鐘影片，另有觸摸顯示器，介紹歷任第一家庭的故事。這裡可索取D.C.地圖，幫助旅程的規畫。

美國第38任福特總統（Gerald R. Ford）使用的座椅

林肯總統用的瓷碗

是二戰時期小羅斯福總統設立的，是緊急狀況時總統和其他保護對象的避難場所，該中心可承受核彈之外的所有襲擊，並有祕密通道通往外部。

75

國會山莊
Capitol Hill
聯邦立法機構

http www.visitthecapitol.gov
✉ East Capitol St. NE & First St. SE, Washington, DC 20004
☎ (202)226-8000
⊙ 週一～六 08:30～16:30
休 週日、元旦、感恩節、聖誕節
$ 免費
➡ 地鐵藍、橘、銀線／Capitol South站／出站沿First St.北行6分鐘
⌛ 2～4小時
MAP P.17／D3

國會山莊東面正門，前方是First St. NE

美國國會是聯邦的立法機構，兼負審核聯邦預算，及監督行政機關的責任。國會由參眾兩議院組成，參議院目前有100席，由美國50州每一州的兩名代表組成。眾議院的議員依各州人數選出，目前有435席，每一任期兩年。國會山莊是國會議員及幕僚的辦公處所，開會期間可看到西裝革履的議員和助理穿梭其間。

內部設計

國會山莊穹窿圓頂的正下方是圓廳，直徑29公尺，地面至屋頂高15公尺，圓頂最高處65.94公尺。圍繞

國會山莊簡介

西元1793年由喬治‧華盛頓總統奠基，1811年完工的國會山莊是華府最重要地標之一，幾乎全城各處都能看到它高聳的圓頂。從西側國家廣場望去，會看到它耀眼的白色大理石新古典主義建築，步步升高的寬廣梯階，和排列成圓形拱柱支持的穹窿圓頂，建築的莊嚴與雄偉令人震撼。

繁花似錦圍繞的國會山莊

Federal Government

國會山莊西側圍牆

西北（NW）、西南（SW）4個象限的起始點，其實這是人爲的界定，首都眞正的地理中心在白宮附近。國會山莊西側可居高臨下，遠眺寬廣的國家廣場、一柱擎天的華盛頓紀念碑、樹叢半遮的林肯紀念堂等。

圓廳高牆上有8幅描述美國發展史的超大型壁畫，東側4幅是描述美州早期重要事件，西側4幅則展示美國建國後的歷史事件。

　　圓廳南側是國家雕像展示廳（National Statuary Hall），展示每州兩位代表人物的雕像。地下室（Crypt）展示國會山莊的歷史，地面鑲嵌著一個星形羅盤，這裡就是將首都分成東北（NE）、東南（SE）、

從國家廣場西側，遠眺國會山莊

旅行小抄

國會山莊參觀重點

　　國會山莊的訪客中心從東側進入，大堂兩側可排隊取票參加進入內部的導覽團，參觀各小組開會的議事廳。大堂四周展示許多各州代表人物雕像，其中1959年加入聯邦的夏威夷州國王Kamehameha，重達6,804公斤的金色雕像

訪客中心的印地安酋長雕像

國會山莊圓頂上的哥倫比亞複製品

最吸引人，其他還有如懷俄明州(Wyoming State)的印地安酋長Washakie，來自科羅拉多州(Colorado State)、曾參與阿波羅13號(Apollo 13)登月任務的太空人傑克‧斯威格特(Jack Swiger)等雕像，常吸引遊客駐足觀賞。

　　大堂後側是頭戴戰盔、身披毯毯、左手扶劍、右手持盾牌和桂冠的自由女神(Status of Freedom)哥倫比亞(Columbia)的複製品。其原型是由青銅鑄造，1863年安置於離地面高88公尺的國會山莊圓頂上，高6公尺、重6,800公斤，面對日出的東方。大堂後方另一個展廳是展示美國歷史的長廊，精緻的壁畫配上淺顯的說明，可對美國建立世界第一個民主政治過程有所認識。

聯邦最高法院
Supreme Court

法律是客觀的公正，須矇住雙眼

聯邦最高法院前代表「法律的守護」大理石雕像

- http supremecourt.gov
- ✉ 1 First St. NE, Washington, DC 20543
- ☎ (202)479-3000
- ⊘ 週一～五 09:00～16:30
- 休 週末、聯邦假日
- $ 免費
- ➡ 地鐵藍、橘、銀線／Capitol South站／出站沿First St.北行10分鐘
- ⌛ 1～2小時
- MAP P.17／E2

從紐約到D.C.

　　目前D.C.的聯邦最高法院大樓，啟用於西元1935年，是美國聯邦掌控司法權的最高機構。它最早設在紐約，1791年隨國會遷至當時的首都費城，1800年又隨國會遷至D.C.。1860～1935年間它設在國會山莊的老參議院廳（Old Senate Chamber）內，為了顯示它與國會是兩個權力平行的聯邦機構，最後落腳在國會山莊東面的這棟另外建造的最高法院大樓。

建築設計

　　最高法院是棟樓高4層的新古典主義式建築，外牆全部以聖潔的白色大理石覆蓋。正面是76公尺寬的橢圓形廣場，兩側各有一處圓形噴泉及旗竿，旗竿基座雕刻著手持秤、劍、書、火炬、筆、釘鎚，及氣、土、火、水等4元素的小天使作為裝飾。梯階兩側各有一個大理石坐像，左側名為「正義的沉思」（The Contemplation of Justice）的女性，右側名為「法律的守護」（The Guardian of Law）的男性。

　　階梯望上去，16個巨大圓形大理石廊柱支持著三角形屋頂，門楣上刻著「法律之下公平正義」（Equal Justice Under Law），上方牆面彫刻著歷史上法界名人肖像。繞到對稱的建築東面，門頭牆面雕刻的歷史人物有：以色列的摩西（Moses）、中國的孔子、雅典的梭倫（Solon of

法律客觀公正，必須矇住雙眼

最高法院正門

聯邦最高法院審判廳　　　　　　　法院內的螺旋梯

Athens)等人,孔子提倡「中庸之道」及「民貴君輕」被認同,令人意外與驚喜。

最高法院組織

　　美國各州自訂州法,並設法院審理州內法律案件。聯邦的法院負責審理聯邦法律案件,美國有13個聯邦地方法院,統歸最高法院管轄,法官由最高法院任命。最高法院是聯邦的終審法院,判決確定即無法更改。最高法院由一位首席大法官和8位大法官,共9人組成,大法官是終身職,總統提名,參議院同意任命。大法官的薪俸,首席大法官每年$223,500,其他大法官是每年$213,900,薪俸微薄,但社會地位崇高。

雷根總統任命的女性最高法院O'connor女士

旅行小抄

聯邦最高法院參觀重點

　　最高法院內有法庭、法官室、法律圖書館、會議室等。進入大堂可排隊參加30分鐘的導覽團,導覽團從09:30～15:30,每小時一團,解說員會介紹最高法院的功能、建築歷史、法庭運作等。想參觀開庭狀況,可一小時前或更早至1樓排隊取票。專利、版權、網路的法律案件,影響範圍遍及全國各

聯邦最高法院2樓的展示走廊

州,均歸聯邦法院審理。法律審理程序中的辯論庭最精采,律師代表,唇槍舌劍,辯至火熱時,常連法官敲槌制止都聽不見。

　　司法公正是民主的基礎,美國的三權分立雖非世界上最好制度,但其穩固性已經過檢驗。民主及法治為美國立國精神,值得花半天時間來此參觀。

國會圖書館
Library of Congress
世界最大圖書館

- http www.loc.gov
- ✉ 101 Independence Ave. SE, Washington, DC 20540
- ☎ (202)707-5000
- ⊙ 傑佛遜大樓：週一～六08:30～17:00 其他館別開放與休館時間各異，請上官網查詢Hours of Operation
- 💲 免費
- ➡ 地鐵藍、橘、銀線／Capitol South站／出站沿First St.北行5分鐘
- ⧗ 2～4小時
- MAP P.17／E3

傑佛遜大樓屋頂的金色火炬是照亮黑暗的知識火炬

館藏與大事紀

　　美國國會圖書館是世界第一大圖書館，收藏包括書籍、音樂、地圖、照片、電影等，擁有超過470語言、約1億6千2百萬種書籍和資料。圖書的藏書櫃如連續排成一排，長度達856公里，可從台北到高雄打個來回。國會圖書館也是D.C.最富麗堂皇的建築。西元1897年11月1日落成開放當天，騎馬、駕車從四面八方趕來的民眾擠滿廣場，瞻仰它義大利文藝復興式雄偉外觀，也欣賞它雕梁畫棟像皇宮一樣的內部裝潢。

　　國會圖書館的成立幾經波折，最早它只是國會山莊內蒐藏5,000冊法律相關書籍的小單位。1814年英軍進入D.C.火焚國會山莊，所有藏書化為灰燼。次年傑佛遜總統（Thomas Jefferson）將他50多年的6,487冊私人藏書，以$23,950賣給國會，從新建立圖書館功能。1970

氣勢恢宏的大展廳

年它被指定為圖書著作權的審批單位，於是湧入大量申請著作權的書籍。目前平均每天新進3萬5千種圖書，除篩選保留1萬多本，其餘轉贈全國各地圖書館，或與世界各國作圖書交換。

館別介紹

國會圖書館有3棟以美國第二、三、四任總統命名的大樓，分別是亞當斯大樓（John Adams Building）、傑佛遜大樓（Thomas Jefferson Building）、麥迪遜紀念大樓（James Madison Memorial Building）。3棟大樓以地下道互相連接，通道內有特別的「圖書高速公路」，閱覽室要借的資料，以有軌木箱運輸，半小時之內可送達使用者手中。

主建築傑佛遜大樓中央圓頂離地面約53公尺高，有一個非常醒目的黃金色火炬，它是知識的火炬，象徵唯有知識能照亮人類的萬古長夜。大樓前的First St.有希臘神話中海神（Neptune）和蝦兵蟹將的

雄偉的傑佛遜大樓

噴泉石雕，雕像生動活潑，碧綠泉水中，騎馬的妖怪，人身魚尾的精靈，與池中海神戲水玩樂。後方是寬廣梯階，引導進入數噸重的青銅大門。進門迎賓廳（Greeting Room）前後各有4個廊柱，每個柱頂有左右對稱，一邊代表戰爭，一邊代表和平的雅典娜（Athena）雕像。雅典娜是天神宙斯（Zeus）的女兒，羅馬神話中稱她米涅娃（Minerva），代表知識和智慧，是和平也是戰爭女神，也是這棟建築的守護神。

海神戲水的噴泉池

代表春、夏、秋、冬的壁畫

樓梯扶手雕刻手持各種器具的天真孩童

環繞2樓，宛如皇宮般氣派的走廊

1樓大堂（Great Hall）最有氣派，屋頂挑高75呎以彩色玻璃引入光線。上下對應的大理石地面，魚鱗形裝飾的大廳中央，地面一個青銅羅盤，隱喻知識如海，需藉星海羅盤引航才不致迷失方向。四周牆邊青銅雕刻的西洋12星座圖象，象徵世界和宇宙運行的秩序。大堂東側拱門左右兩側，左邊一位年輕男子，右邊一位龍鍾老人，兩人都手握書卷，隱喻閱讀是終身事業，活到老學到老。這是一棟有內涵的大樓，各處裝飾都在與你對話，帶你領悟深刻的人生哲學。

大堂兩側是寬敞的大理石樓梯，扶手處許多個天真爛漫的孩童雕刻，孩童代表知識的不斷成長，他們手上拿著不同器物，意指知識領域的分類。拿禾苗的代表農業，拿齒輪的代表工業，拿喇叭是音樂，30幾個孩童代表30幾種知識。扶手中段是地球雕刻，兩側分別有裝扮不同的各洲孩童，分別代表1890年代的非、美、歐、亞世界4大洲；這些精緻的雕刻皆是藝術珍品。

大堂拱門後有個特別展廳，展示

鎮館之寶《谷騰堡聖經》

1455年印製的世界第一部德國谷騰堡（Gutenberg）聖經，和手抄本緬茲大聖經（Giant Bible of Mainz）。在沒有印刷術前，修道院修士每天能抄一頁聖經，抄完一本聖經約1.5～2年。谷騰堡聖經2年內印了180本，印製在羊皮上目前保留最完整的3本，分別收藏在英國倫敦、法國巴黎和美國國會圖書館。這2本長期展出的聖經放置在2個恆溫恆溼的展櫃裡，是國會圖書館的鎮館之寶。

麥迪孫大樓是地圖蒐藏中心，亞當斯大樓以蒐藏科學資料為主。圖書館地下層有走廊通往國會山莊，將兩處連成一體。國會圖書館是知識寶庫，也是藝術殿堂，作者在此擔任講解義工（docent）2年，導覽無數團體，是最值得回憶的過往。

圖書館內國會議員專用閱覽室

主閱覽室內的藏書室

主閱覽室側寫
Main Reading Room

安老師帶你玩 D.C.

傑佛遜大樓1樓左右兩側大理石梯階可達2樓俯瞰主閱覽室的玻璃屋，樓梯中層是《雅典娜》的馬賽克圖像，祂盾牌棄置於地，手指指向地面長矛，宣告戰爭結束，和平降臨，密布烏雲開始消散，太陽破雲而出，閃耀著金色光芒。祂一手拿長卷知識目錄，隱喻人類要繼續累積知識。樓梯右上左下，雅典娜在中間，像蒙娜麗莎的眼神一樣，不論從哪個角度來看，祂的腳尖都一直對著你。

從玻璃屋俯覽圓形主閱覽室是參觀的重點，圓頂距離地面53公尺，室內236張排成同心圓的閱讀桌，非常壯觀；電影《國家寶藏》(National Treasure)就是在此取景。主閱覽室圓頂分成12等分，繪畫了12個對西方文明有貢獻的國家及所代表的知識領域。

義大利是藝術(Art)、西班牙是探險(Discovery)、英格蘭是文學(Literature)、希臘是哲學(Philosophy)、埃及是書寫紀錄(Writing Record)、法國是自由(Emancipation)、德國是改革(Reformation)、羅馬是管理(Administration)、美國是科學(Science)等。半圓形格窗中央是美國國徽及各州籤印。中間層則有12學術領域的代表人物雕像。

圖書館有26個閱覽室，亞洲閱覽室在2樓北側，有中、日、韓、印等亞洲國家的圖書蒐藏。室內兩旁是兩層樓高的書架，以樓梯取得高處書籍，樓梯也做隔間，將閱覽室隔成許多閱覽區。樓梯兩側是書架。此設計增加了圖書儲藏空間，是國會圖書館的特色。

閱覽室後方有一個高2公尺的藏傳佛教法輪，下方展示色彩鮮豔的繪圖本佛教故事，值得細看。

1.從2樓俯瞰的大堂景觀 / **2.**國會圖書館東方閱覽室 / **3.**半圓形格窗上繪製著美國各州州徽 / **4.**女神雅典娜的馬賽克壁畫 / **5.**從上俯視的主閱覽室，電影《國家寶藏》在此取景

國家檔案局
National Archives
以史為鑑可以知興替

- http archives.gov
- ✉ 700 Pennsylvania Ave. NW, Washington, DC 20408
- ☎ (866)272-6272
- ⏰ 每天10:00～17:30，最後入場17:00
- 休 感恩節、聖誕節
- $ 免費
- ➡ 地鐵綠、黃線／Archives站／出站即達
- ⏳ 1～2小時
- MAP P.16／B2

1935年開放使用的國家檔案局，坐落在國家廣場北面。新古典主義的建築結構，四面圍繞著72個16公尺高的巨大圓柱作為支撐，它的格局方正，氣勢莊嚴，是布雜藝術（Beaux Arts）建築的代表作。Constitution Ave.側的青銅鑄造大門旁，有名為過去、未來、傳承、守護的4座大型雕像，隱喻整理保管「過去」檔案，善盡「守護」

國家檔案局正門

責任，「傳承」交接給「未來」等4個國家檔案局的基本職責。

館藏《獨立宣言》等檔案

入門大堂有簡短影片介紹國家檔案局，及大樓平面導覽圖。2樓圓形大展廳是「權利紀錄」（Records of Rights）展室，展出包括照片、錄像、複製本等數以百計稀有的歷史與文化檔案。其中最珍貴的是歷史記載最早成文法──1297年英國國王艾德華一世（Edward I）簽署的

國家檔案局南側

Federal Government

《大憲章》（Magna Carta），是世界4份版本中公開展出的唯一原本。

2樓高大圓形展廳展示美國立國基礎的3份重要檔案：《獨立宣言》、《憲法》和《人權法案》。檔案存放在填充氬氣，溫溼度控制的密封櫃裡，以保持原來羊皮紙的柔性。展示櫃旁有2位全副武裝的守衛保護，可知政府對這些重要文件的慎重。這裡的14個展櫃還保存了其他美國歷史重要檔案原本，包括《路易斯安那購買協約》（Louisiana Purchase Treaty）、《解放黑奴宣言》（Emancipation Proclamation），喬治‧華盛頓總統手寫的就職演說等。

國家檔案局門前名為「研究過去」的雕像

知識充電站

國家檔案局之功能

未設國家檔案局之前，政府機關各自保存所屬檔案，導致單位之間查閱不易，並常發生遺失錯置。國家檔案局統一保存政府檔案後，政府檔案被歸為公共領域

國家檔案局南側入口外牆

(Public Domain)資產，不受版權法約束，並向社會開放。它的權責之一是掌管政府檔案的機密分級，並依規定時限解密公開。世界許多國家關切檔案局的檔案解密時程，以瞭解該國相關歷史事件的背後真貌。

檔案局將許多檔案數位化，以節省儲存空間，截自2012年底，總共數位化了1千億件的檔案紀錄。對每年如潮水湧入的政府檔案，它也負責過濾及銷毀沒有保存價值的檔案，以騰出空間。

國家檔案局有最完整的移民資料、兵籍資料、人口普查資料及護照申請資料等，甚至能查到姓氏的來龍去脈，它在網路和現場提供協查姓氏族譜的服務。

唐太宗名言：「以史為鑑可以知興替」，保存完整的歷史檔案是「以古鑑今」的基礎。到此參觀，可深刻體會美國對保存歷史檔案的認真和慎重。

聯邦機構

國家檔案局

國家印鈔局
Bureau of Engraving and Printing
平均每日生產5億美元

- http bep.gov，點入Service→Take a Tour 可見導覽資訊
- ✉ 301 14th St. SW, Washington, DC 20228
- ☎ (202)874-2330
- ⏰ 訪客中心：週一～五08:00～14:45 導覽時間：週一～五09:00～10:45、12:30～14:00每15分鐘一團
- 休 週末、聯邦假日
- $ 免費
- ➡ 地鐵藍、橘、銀線／Smithsonian站／出站西行約10分鐘
- ⏳ 2小時
- MAP P.16 / A3

解說錢幣歷史的長廊

印鈔局屬美國財政部，為美國聯邦儲備系統（Federal Reserve System，簡稱Fed）印製鈔票。但印鈔不是它唯一任務，它也為聯邦政府印製需要安全加密的文件，如美國國債券、政府或軍方獎狀、邀請函、入場證、識別證等。華府印鈔局員工超過2千人，週一～五每天24小時印錢，平均每天生產5億美元紙鈔，提供美國政府經濟運作。

有兩種參觀方式，沒有門票的旅客可從14th St.和C St.交界的入口進入，只限參觀公共區域。憑票參觀者07:00到西邊票亭排隊，08:00開始取票，當天的票通常09:00發完，需依票上時間參加有專人解說的導覽團。

與大筆美鈔近距離接觸

入門後是依年代說明美國鈔票歷史的長廊，跨進這裡就進了萬惡之源的世界。展示櫃有骨董印鈔機，說明早期紙鈔印製過程，有測試紙鈔耐摺疊次數的測試器，玻璃櫃內未經剪裁的1百萬紙鈔，讓你感覺百萬美元的體積。長廊後是兼販售紀念品的展廳，門旁牆上畫有身高

典雅的票亭

印鈔局正門

古董印鈔機

割後等待包裝的、包紮完成等待運送的大把鈔票,百萬美元眼前瞬間過,是終身難忘的經驗。

印鈔局生產作業自動化程度很高,每個車間只有三兩人操控機器。一位老師傅工作台旁斗大的字「我一輩子的工作薪資,只值經過眼前幾秒的鈔票」,美國式幽默,令人莞爾。

尺,可量一量你的身高用$100疊起來價值多少,身高168公分大約值150萬美元。最大面額美鈔是多少錢?專門展櫃有僅限政府機構流通的10萬元美鈔,民間使用最大面額美鈔則是$100。

40分鐘的導覽從一段介紹印鈔局的短片開始,接著從展廳旁進入兩層樓高的參觀走廊。從上往下俯視,流水一樣眼前飛過未經剪裁的、堆疊在棧板上等待檢驗的、切

量量看你的身高等於多少美元?

知識充電站

紙鈔生產

紙鈔生產過程精細繁雜,從紙張品質開始就嚴格管制,普通紙的成分是木或草質纖維,印鈔紙則是棉或亞麻纖維,鈔票抖動時會有清脆聲響。紙張製造過程中加入暗紋圖形、人像、文字的防偽浮水印,處理好的紙張切成規格大小後交入印鈔局。印鈔局經過反覆多次不同顏色的印製、乾燥、檢驗等工序,票面上有幾十個設定點,用機器以影像比對方式做自動檢驗,為保萬無一失,機器自動檢驗外,還要抽樣人工檢驗。

未經剪裁的美鈔

一張$5,000的美鈔

每張鈔票正面都有兩排重複的序號,序號由字母和阿拉伯數字組成,標記該張紙幣的印刷批次和順序。每張鈔票的序號都是獨一無二的,方便印鈔局做追蹤。

五角大廈
Pentagon

世界面積最大的軍事辦公大廈

- 🌐 defense.gov；五角大廈導覽團pentagontours.osd.mil/Tours
- ✉️ 1400 Defense Pentagon, Washington, DC
- ☎️ (703) 228-3988，(703) 697-1776
- 🕐 預約時間參觀
- 💲 免費
- ➡️ 地鐵藍、黃線／Pentagon站／出站即達
- ⏳ 1～2小時
- 🗺️ P.15／D6

1943年啓用的五角大廈是美國國防部總部，也是美國軍力的象徵。它是世界最大的辦公室，占地380萬平方公尺，建築面積60萬平方公尺，約有2萬3千名軍事及文職僱員。它地面5層，地下兩層，每層有5個環形走廊，總長28.2公里。五角大廈中央廣場2萬平方公尺，廣場草坪中央有一小房間，冷戰時期至少有5顆蘇聯核彈瞄準此處，當

五角大廈旁的911紀念公園

時它有個「核爆中心點」（Ground Zero）的匿稱。

從二戰到911恐攻

五角大廈在二戰中完工，當年這裡每晚燈火通明，策畫著從歐洲到太平洋戰場每場戰役的戰略物質生產分配、人員調動、武器彈藥補給。韓戰和越戰，近年的中東戰事、反恐戰爭、中國南海競爭等，這裡也都是主導戰場的指揮中心。

2001年9月11日，基地組織首腦賓拉登策畫發動的恐怖襲擊是五角大廈的災難，美國航空公司波音747客機被劫持並撞進五角大廈西

戒備森嚴的五角大廈外觀

側，幾分鐘內造成189人死亡(59名乘客，5名恐怖份子，及125名軍人)，這是歷史上第一次外國對美國國防總部的攻擊事件。恐攻事件嚇壞了美國，沒人想到這個戒備森嚴的核心軍事重地會遭受攻擊。軍人是特殊職業，穿了軍服就很接近死亡。經過這次教訓，美國在五角大廈、及首都各重要政治機構附近，布建了防空飛彈網，以防類似事件再次發生。

厚實的五角大廈建築西側，當年恐攻被撞擊的牆外，興建了一個紀念公園，公園裡貼著地面，30公分高，30公分寬，像展開的許多不鏽鋼機翼，下方燈光照著潺潺流水，鋼片上刻著殉難著的姓名和生日。

銘刻死難者姓名的不鏽鋼板

參觀五角大廈

從美國觀點來看，五角大廈是軍事實力的象徵，也是維持世界和平的重心。對五角大廈有興趣的遊客，可於14天之前在五角大廈的網路申請參加免費的導覽團。

走進五角大廈首先見到電視畫面常見的國防部「簡報室」(Briefing Room)，國防部發言人定期在這裡說明軍事狀況，並回答記者提問。後方是「英雄堂」(Hall of Heroes)，牆上掛著獲得榮譽勳章的軍人照片，櫥櫃陳列各種榮譽勳章及獎章。靠近「911恐攻事件」的撞機點附近，有911室內紀念館及紀念教堂，以憑弔在該事件中的殉職軍民。各樓層可看到整合在此的美國4個軍種：陸軍，海軍陸戰隊，海軍和空軍的辦公場所。

刻著184位911受害者姓名的紀念碑

斷落機翼下的亡魂

阿靈頓國家公墓
Arlington National Cemetery
英雄安息地

- http arlingtoncemetery.mil
- ✉ Arlington National Cemetery, Arlington, VA 22211
- ☎ (877)907-8585
- ◷ 全年開放。4～11月08:00～19:00，10～3月08:00～17:00
- 💲 免費
- ➡ 地鐵藍線／Arlington站／出站即達
- ⏳ 1～2小時
- MAP P.14／B5

進門大堂吹響軍號的
禮賓官塑像

位於維州阿靈頓縣（Arlington County）的阿靈頓國家公墓，是美國軍人公墓，也是國家公墓。這裡埋葬著從美國內戰（Civil War）至今，在戰爭中為國犧牲的美國軍人。美國第27任總統威廉‧霍華德‧塔夫脫（William Howard Taft），及第35任總統約翰‧甘迺迪（John F. Kennedy），也以三軍統帥的名義，永遠安息於此。

國家公墓在1864年內戰時期建立，該地原名「阿靈頓之家」（Arlington House）是邦聯的羅伯特‧李（Robert E. Lee）將軍之妻子瑪麗‧安娜（Mary Anna）的家族財產。1864年第一位埋葬於此的是賓州的威廉‧亨利‧克里斯蒂曼（William Henry Christman）。其後一戰、二戰、韓戰、越戰及反恐戰爭中，軍人大量犧牲，墓地不敷使用，逐漸擴大成目前的面積。

走進訪客中心，迎面是一個司禮號兵蠟像，他右手持小號，莊嚴肅穆地吹奏著喪樂。展示櫥窗中有陸、海、空軍及陸戰隊，各軍種的榮譽勳章及獎章。四周牆壁張貼著墓園舉行過重要喪葬的照片，其中一張，一位軍服整齊的年輕士兵，

有始有終，排列整齊

甘迺迪總統及夫人墓園

哀傷半跪在逝去戰友墓碑前，情狀悲戚，令人心碎。

入門後方的半山坡是甘迺迪總統及夫人賈桂琳的墓地。總統墓地簡單樸素，四周舖著總統住家附近採集的花崗岩，裂縫中種植著三葉草，兩塊平置地面的黑色大理石墓碑，刻著甘迺迪總統及夫人的姓名。墓地上方一塊花崗石中心，一盞像普通火把大小，由天然氣燃燒的「永恆火焰」（Eternal Flame），1963年總統安葬儀式中，由夫人賈桂琳點燃後，永遠長明。

總統墓園後山頂處是無名英雄墓，埋葬著內戰從各戰場蒐集的2,111位戰士骸骨，無分敵我、年齡、沒有姓名的盡忠軍人。無名英雄墓旁是阿靈頓之家，最早的國家公墓只有這一小塊，它居高臨下，可遙望華盛頓紀念碑和國會山莊。

埋葬在阿靈頓國家公墓裡其他比較著名的人有：2003年太空梭哥倫比亞號（Space Shuttle Columbia）在返回爆炸時犧牲的太空人勞瑞爾·克拉克（Laurel Clark）、大衛·布朗（David Brown）和邁可·安德森（Michael Anderson）。以及1986年太空梭挑戰者號（Challenger）發射失敗時7位犧牲太空人中的2位。這裡也為911恐襲五角大廈的184名受害者立碑，紀念碑五角形，銘刻了他們的姓名。

每座紀念碑後，每個墳墓下，都有一個哀傷的故事。逝者的葬禮，安撫生者的心靈。在阿靈頓國家公墓，可感受到美國對為國捐軀軍人的敬重。

紀念太空梭發現者號7位喪生太空人的紀念碑

哀傷弔念戰友的照片

墓園裡放著美國內戰時使用的火炮

博物館

Museums

華盛頓D.C.是全球博物館密度最高的城市，世界最大學術機構史密森尼學會在國家廣場周圍有國家航空太空博物館、自然歷史博物館、美國歷史博物館、國家美術館等19座國家博物館。其他如新聞博物館、國家地理博物館、大屠殺博物館、國際間諜博物館等也都各具特色。

華府博物館的館藏珍貴又豐富——自然歷史博物館可看到世界最大的藍鑽石；航太博物館有實體大小的國際太空站；美國歷史博物館有愛迪生發明的鎢絲燈泡，也展出美國第一面國旗；國家美術館有世界藝術大師，如達文西、米開朗基羅、畢卡索、梵谷、莫內等人的作品。最溫馨的是，這些博物館大多爲免費，輕鬆參觀無負擔。

美國國家植物園
U.S. Botanic Garden
世界唯一的植物博物館

http usbg.gov
✉ 100 Maryland Ave. SW, Washington, DC 20001
☎ (202)225-8333
◷ 每天10:00～17:00
$ 免費
➡ 地鐵藍、橘、銀線／Federal Center SW站／出站沿3rd St.往北走3個街區即達Maryland Ave.入口
⏳ 2小時
MAP P.17／D3

從國會山莊的小山丘西望，左邊一棟高聳的玻璃建築，錯落有致，晶瑩透剔的玻璃帷幕和屋頂，在陽光下發出鑽石般燦爛光芒，它是為首都增添美麗和芬芳的美國國家植物園。

美國國家植物園面積不到8英畝，冠名「國家」實不相稱，故它定位自己是一個植物的博物館，並取得美國博物館協會的認證，是世界唯一的植物博物館。支持它展出的是位於華府西南邊的安納卡斯提亞郡（Anacostia County），美洲面積最大的植物生產及培育中心。其溫室面積8萬5千平方英呎，比美東長木花園（Longwood Garden）3萬平方英呎的溫室大三倍。

國家植物園進門是模擬亞熱帶氣候的中庭花園，門旁芭蕉樹上掛著數串芭蕉，可可樹枝幹上長滿像木瓜大小的可可果。花圃中栽種許多羊齒蕨、姑婆芋、變葉木、椰子樹、檳榔樹等。室中央是一長方形水池，池裡有水萍、香蒲、睡蓮等漂浮性亞熱帶水生植物。

中庭花園後的熱帶雨林區有間93英呎高的溫室。門內襖熱潮溼，空中漂浮著一層氤氳，曲折蜿蜒的人工水道周邊種植著4、5層樓高的麵包樹、大葉楠、石斑木、香葉樹等熱帶喬木，樹幹上爬滿蔓藤類的攀緣植物。隱藏的喇叭，一會兒傳出啾啾聲，一會兒是呱呱聲，播放著各種禽鳥的啼叫聲，營造出彷彿置

結實纍纍的可可樹

國家植物園溫室遠觀，後方是國會山莊

Museums

94

國家植物園正門

溫室裡的熱帶小溪

身亞馬遜河流域熱帶雨林的氛圍。牆邊有木梯可登上3、4層樓高的空中步道，居高臨下俯覽樹頂，另是一番風貌。植物博物館的立體設計將植物園的有限空間做最佳利用，令人讚佩。

蘭花區、藥用植物區、沙漠植物區

主溫室後是蘭花區，展出數百種含苞的、怒放的、掛在枯木上的、或栽種在花盆內的各種珍貴蘭花。蘭科是世界最大植物家族，總共有兩萬多品種，培育中心蒐集最多，有5千多種。

蘭園左側是藥用植物區，蒐集世界各地的藥用、食用、調味用植物，像是清涼的薄荷、驅蚊的香茅、除蟲的樟腦、消炎抗菌的麻黃、提神飲料的咖啡和茶樹等。

其後是沙漠植物區，門旁種植一棵美墨邊境沙漠獨特的巨柱仙人掌，它100多年才長側枝，這顆長了幾根側枝的巨柱仙人掌，雖沒一人高，但已有300歲。砂岩上有各種奇形怪狀的仙人掌，像一堆亂蛇似的蛇形仙人掌，漂亮的節段仙人掌，大大小小長滿硬刺的圓球仙人掌。旁邊的稀有及瀕危植物區，繁殖許多瀕臨滅種的植物，也從蒐集的種子，復活了一些已滅種植物，希望給它們再一次生存機會。

植物博物館走一遭，如在世界各氣候帶繞了一遍。神清氣爽，賞心悅目之餘，更覺得人類保護自然植物的責任重大。

萬事美好蘭

綠龍蘭

蛇形仙人掌

球形仙人掌

美國國家植物園

國家美洲印地安博物館
The National Museum of the American Indian
認識印地安人與自然環境的和諧關係

📶 americanindian.si.edu
✉ 4th St. & Independence Ave. SW,
Washington, DC 20560
📞 (202)633-1000
🕐 每天10:00〜17:30
休 聖誕節
💲 免費
➡ 地鐵藍、橘、黃、銀線／L'Enfant
Plaza站／Maryland Ave.出口，東行5
分鐘
⏳ 2〜4小時
MAP P.16／C3

　　美洲印第安博物館位在國家廣場
南側，緊鄰植物園，是展示美洲印
地安人生活、語言、文學、歷史的
博物館。從遠方就可看到它土黃色
的雄偉建築，粗曠的曲線及風蝕的
沙岩紋路，象徵印第安人與大自然
間和諧共處的精神。

展區巡禮

　　博物館進門吸引目光的是一尊原
住民屈膝張弓，瞄準穹空，充滿勁
道的射箭雕像。蘇軾《密州出獵》
中的詩句「會挽雕弓如滿月，西北
望，射天狼」，正是它的寫照。中
央大堂挑高40英呎，同心環組成的
穹頂，玻璃圓心引入光線，均勻地
照亮整個空間。南面牆壁有8片稜
鏡窗戶，晴天時將陽光化成鮮豔的
彩虹，投射在室內。鑄銅圍籬隔開
的大堂是活動場所，各地印地安人
定期演示各族的節慶活動、歌唱、
樂器、舞蹈等。

　　博物館4樓的里拉威劇場（Lelawi
Theater）播放《我們是誰》（Who We
Are）短片，側面是「我們的宇宙」
（Our Universe）展館，介紹印地安
人的世界觀、種族、歷史等。美洲印
第安人種族繁多，文化各異，這個
展廳分別介紹了佛羅里達、亞利桑
那、加州、阿拉斯加、墨西哥、加拿
大、巴西、智利、祕魯和瓜地馬拉等
16個印地安種族的文化和風俗。

　　印地安人是美洲原住民，在歐洲

博物館東側正門

跳水牛舞的印地安戰士

挽弓射箭的印地安勇士

Museums

各印地安族裔的旗幟

人來到之前，已在美洲生存了上萬年，他們沒有文字，在西方強勢文明入侵時，簽下文件，失去了賴以生存的土地。後來印地安人理解到可依法討回公道，於是走上法庭尋求補償。展廳例舉了9件政府和原住民從談判、妥協、簽約的過程。其中1960年代華盛頓州印地安人爭取捕魚權的案例，其過程及結果非常有趣，值得探討。

3樓北側是「偉大的印加之路」（The Great Inka Road）特展。13世紀初，南美洲西部出現了一個神祕的印加帝國（Inka Empire），領地包括現在的厄瓜多爾、祕魯、玻利維亞、阿根廷、智利、哥倫比亞等地區。為了統治便利，在沒有鐵器和

旅行小抄

戶外原生景觀區

博物館外側有一個原生景觀區，北面種植了30多種波托馬克河鄰近的植物，包括雪松、火炬樹和白橡木等。東側有溼地區，種植樺樹、沼澤乳草、睡蓮、柔滑柳和野生稻等。從博物館外欣賞它的建築之美及周邊圍繞的樹林，認識印地安人與自然環境間的和諧關係。

印地安人土坯房周圍種植原生植物

北面種植多種波多馬克河鄰近植物

車輪的狀況下，他們建造了2萬4千英里的道路系統。此特展帶你探索印加之路的奧祕，也回顧印加帝國的歷史和文化。

博物館南側入口

揹娃娃的背兜

97

國家航空太空博物館
National Air and Space Museum
華府人氣最旺的博物館

美國水星計畫中的首顆載人衛星

- http airandspace.si.edu
- ✉ 600 Independence Ave. SW, Washington, DC 20560
- ☎ (202)633-2214
- 🕐 每天10:00～17:30
- 休 聖誕節
- 💲 免費
- ➡ 地鐵藍、橘、黃、銀線／L'Enfant Plaza站／D St.&7th St.出口，北行5分鐘
- ⏱ 2～4小時
- MAP P.16／C3

位於國家廣場南側1976年開放的國家航空太空博物，每年參觀人數超過8百萬，是世界上參觀人數最多的航太博物館。它蒐藏了超過6萬件的航空和太空兩領域飛行器，是全球此類蒐藏最豐富的博物館，每次能看到的展覽品只是其中的10%。

蒐藏品中涵蓋人類航空史中所有的工藝製品和記錄資料，如1903年美國萊特兄弟發明的世界第一架飛機、1927年查理斯‧林白（Charles Lindbergh）單獨駕駛，首次飛越大西洋的「聖路易精神號」（Spirit of St. Louis）單翼機、太空船「阿波羅II號」（Apollo II Command Module Coumbia）的哥倫比亞指揮艙、人類登月帶回來的月球石等。

23個特色展館，大大滿足好奇心

博物館分兩層，大展廳右邊是地球大氣層的航空器，左邊是太空探索計畫的飛行器。從國家廣場進門，主展廳右側展出「阿波羅登月小艇」（Apollo Lunar Module）的實體模型，它記錄了人類在太空探索中首度登上月球的重要一步。左側是冷戰時期蘇聯的兩個中程核導彈：潘興II號（Pershing II）和SS-20導彈。1980年代這兩種核彈部署

巨大的太空實驗室工作站

各式太空探測火箭

哈伯太空望遠鏡

Museums

98

國家航太博物館在國家廣場側的正門

在《華沙公約》國境內，造成歐洲民主陣營重大恐慌。戰爭年代已久遠，留下當年雙方較量時的核武器，供後人深思。

主展廳右轉是「遨翔美國」展廳（America by Air），真實的波音747機頭嵌在兩層樓高牆上，樓梯進入是視窗狹窄、布滿各式儀表的駕駛艙，可滿足一下好奇心。對面展廳展示了飛機的發展史，從早期螺旋槳飛機到噴氣機的各式飛行器，最亮眼的是一架洛克希德（Lockheed）公司製造的紅色單翼螺旋槳飛機5B Vega號，1932年女駕駛艾蜜莉亞‧艾爾哈特（Amelia Mary Earhart）駕駛它飛越大西洋和橫跨美國，是女駕駛創造的世界飛行紀錄。

戰爭時期戰機進步快速，2樓展廳有一戰及二戰時的各式戰機，德

國空中武士雙翼機、二戰時縱橫太平洋上空的日本零式戰鬥機、美國B-29空中堡壘，P-51D野馬式戰鬥機等，戰機粉絲到此可盡情欣賞。

1樓左邊為太空實驗室「國際太空站」、「哈伯太空望遠鏡」（Hubble Space Telescope）、「哥倫比亞號太空梭」、阿波羅11號指揮艙的模型。「宇宙探索」展廳（Explore the Universe）展出在地球軌道中，探測深度太空的各種遙感設備。「俯視地球」展廳（Looking at Earth）從衛星觀察地球，可以監測地球臭氧層變化、地球暖化狀況、大氣層狀態等。

航太博物館適合各年齡層訪客參觀。可自行安排參觀路線，也可參加每天10:30及13:00各一場、每場1.5小時的導覽團。

洛克希德的單翼機和創下世界飛行紀錄的女駕駛員艾蜜莉亞‧艾爾哈特

從2樓俯覽登月小艇

阿波羅11號阿姆斯壯穿的太空衣

賀西宏博物館&雕塑花園
Hirshhorn Museum & Sculpture Garden

展出近代和當代精采藝術創作

- http hirshhorn.si.edu
- ✉ 700 Independence Ave. SW, Washington, DC 20560
- ☎ (202)633-4674
- ⏰ 每天10:00～17:30
- 休 聖誕節
- 💲 免費
- ➡ 地鐵黃、綠、藍、橘、銀線／L'Enfant Plaza站／出站北行5分鐘
- ⏱ 2～4小時
- MAP P.16／B3

國家廣場南側的賀西宏博物館是一個展示近代及當代藝術的博物館。它是由4個厚重腳柱支撐的巨大圓型建築，造型獨特，遠觀有如外星人的太空船。

典藏作品

博物館分三層，地下樓展出美國藝術家芭芭拉·克魯格（Barbara Kruger）的作品，巨大的白色醒目句子襯在紅底黑底上，占據牆面、地板及電梯兩側。這些句子點出近20年間在民主和權力領域的問題：「誰駕凌法律之上？」（WHO IS BEYOND THE LAW?）、「誰有選擇自由？」（WHO IS FREE TO CHOOSE?）、「誰是沉默者？」（WHO IS SILENT?），文字的抽象概念在觀眾腦子裡迴旋激盪，是藝術也是哲學。

2樓及3樓都是環形展廳。2樓最為吸睛的是屈坐牆角的《大男人》（Big Man），為美國雕塑家榮·穆克（Ron Muck）2000年的作品。龐大的身軀，每一部分都細緻入微，空洞困惑的眼神似乎想傳達什麼。內環牆面是美國藝術家林·梅爾斯（Linn Meyers）2006年的畫作《我們視野始於此》（Our View From Here），她以馬克筆繪製數千條間隔的波浪紋，前後接續的流動曲線，和圓弧牆面交錯，產生令人目眩的震撼效果。梅爾斯說：「我們生存在過去、現在和未來的糾結裡，從作品

艾未未《憑什麼？》

芭芭拉·克魯格的作品寫著「信任加懷疑等於精神正常」

博物館的建築外觀有如外星人的太空船

柏緹娜・波思蒂奇作品《世界時鐘》

賀西宏博物館中庭和大噴水池

羅丹著名的《加萊義民》雕塑

前走過，我們的視野不重複，也沒有終結。」整體畫作的流暢和脈動充滿能量，展現藝術也顯示人生。

3樓內環是德國藝術家柏緹娜・波思蒂奇（Bettina Pousttchi）的《世界時鐘》（World Time Clock），它由全球24個時區拍照的24張時鐘照片構成，各時鐘製作的年代不同，形狀各異，每個都指向該時區的13:55。波思蒂奇經常將時空概念融入作品中，此為其代表作之一。

外環牆面懸掛一系列攝影和行為藝術照片，其中有中國藝術家艾未未的作品《摔碎一只漢代陶罐》（Dropping a Han Dynasty Urn）、《憑什麼？》（According to What?）等，以行為藝術表達對傳統價值的質疑。

雕塑花園

博物館對街有低於路面2～5公尺、占地1.3英畝、清靜優雅的戶外雕塑花園。這裡蒐集許多世界著名雕塑，令人徘徊吟詠的是羅丹（Auguste Rodin）的《加萊義民》（The Burghers of Calais），6名脖子綁著繩索，步赴刑場的義士表情各異，有英勇赴義、有悲悽絕望、有轉身好像說：「兄弟，別怕！」羅丹的雕像栩栩如生，表現外在也捕捉內心，凍結了時間，將剎那變成永恆。

賀西宏博物館的近代和當代藝術，令觀者目眩神迷，予人驚歎，也予人沉思。日新月異的科技產品正在改變人類行為，欲知藝術之路走向何方，不妨來此一探究竟。

美國藝術家馬克・迪・賽維羅(Mark Di Suvero)的作品《年是什麼？》(Are Years What?)

城堡
The Castle
華府最古老博物

http si.edu/museums/smithsonian-institution-building
✉ 1000 Jefferson Dr. SW, Washington, DC 20004
☎ (202)633-1000
🕐 每天08:30〜17:30
休 聖誕節
$ 免費
➡ 地鐵藍、橘、銀線／Smithsonian站／出站東行5分鐘
⏲ 1〜2小時
MAP P.16／B3

西展廳

華府的史密森尼學會(Smithsonian Institution)是世界最大的學術研究機構。城堡是此學會最早建築,也是華府最古老的博物館,可安排爲D.C.旅遊第一站。

史密森尼學會由詹姆士‧史密森學會(James Smithson Society)建立,包括D.C.的航太博物館、自然歷史博物館、國家美術館等19個博物館,及國家動物園和9個研究機構也都是由其設立。

1855年城堡完工,作爲典藏的存放、展出、及研究處所。南北戰爭期間,城堡周遭地區淪爲戰場。史密森尼學會在內戰中仍正常運作,交戰雙方沒踏進一步,可看出美國文化中對學術及知識的尊重。

城堡建築解析

城堡進門大展廳是標準諾曼式(Norman Style)建築,有高聳的廊柱、厚實的拱門、和兩層樓高的圓弧形屋頂。其特色在樸實的材料與柔和的線條,沒有洛可可風的精雕細琢,華麗複雜的裝飾,但有渾厚莊嚴的內涵。城堡的窗戶是兩扇並列的長條玻璃窗,上方嵌著一個圓形玻璃,造型展現圖畫般的視覺效果,平衡對稱的合諧,反應出18世

城堡面對國家廣場正門

雪莫廳展出城堡的歷史故事

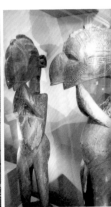
非洲剛果共和國的木雕

Museums

大展廳

印地安族的各種鞋子

紀美國的樸實氛圍。

大廳展品介紹

　　城堡的大展廳在設立之初展示了史密森及其他捐贈者的的典藏，各博物館相繼成立後，展品就分門別類轉移到不同博物館。大展廳右側的雪莫廳（Schermer Hall）曾是圖書館的閱覽室，1886年它的藏書轉移

到新落成的國會圖書館後，恢復成展廳。展廳櫥窗有一件剛果共和國木雕，是睡覺時托住頸部，保護髮型的頭罩。木雕老鷹的喙、冠、羽毛形狀豐富變化，展現了非洲人的藝術想像力。另一個櫥窗環形排列印地安族的各種鞋子，顏色鮮豔，造型細緻。麻雀雖小，五臟俱全，展廳不大，卻包羅萬象。

 知識充電站

詹姆士·史密森的傳奇人生

　　史密森出生於1765年的法國巴黎，是富裕的史密森公爵的私生子。他熱愛化學、地質學、礦物學，為了蒐集科研標本，足跡踏遍歐洲各國。1786年他獲得英國朋布魯克學院藝術碩士，後被選為倫敦皇家科學院院士。史密森卒於1829年，但一生未踏足美洲，何以將他的龐大遺產捐給美國？迄今是一個謎。

　　史密森為何把他的龐大遺產捐給美國，其中一說是他在周遊歐洲列國期間，經歷了拿破崙發動的戰爭，目睹了法國大革命的狂熱及其後的血腥暴亂，又在1807年英國和丹麥戰爭中，被丹麥以英國間諜嫌疑軟禁了兩年。這些經歷讓他對歐洲政治灰心，轉而嚮往追求民主自由的美國精神。

　　他的遺產10萬磅金幣在1838年運到費城，1946年國會決定以這筆鉅款成立史密森尼學會。遵照史密斯桑的遺願，以「增進和傳播人類知識」為其宗旨。

弗瑞爾美術館
Freer Gallery of Art
富含珍貴東方文物與藝術品

印度12世紀的Ganesha神像，象頭人身一手持斧一手持套索，相傳祂的祝福會帶來好運

- http asia.si.edu
- ✉ 1050 Independence Ave. SW, Washington, DC 20560
- ☎ (202)633-1000
- ⏰ 每天10:00~17:30
- 休 聖誕節
- 💲 免費
- ➡ 地鐵藍、橘、銀線/Smithsonian站/出站東行5分鐘
- ⏳ 2~4小時
- MAP P.16/B3

　　1923年開放的弗瑞爾美術館，是史密森尼學會專門蒐集亞洲文物和藝術品的博物館。新石器時代至今，橫跨6,000年，收藏超過26,500件質與量均獲國際認可的藝術品。

　　查理斯‧弗瑞爾（Charles L. Freer）是密西根州底特律市的實業家，亞洲藝術品的收藏家，1906年他將蒐藏品捐贈給史密森尼學會，並支付博物館建築費用。因他的無私奉獻，D.C.才會有一個蒐藏亞洲藝術品的博物館。

　　弗瑞爾美術館的典藏品以亞洲為主，另有部分是中東藝術品，例如中國的繪畫、陶瓷和玉器，韓國的陶瓷器，日本折疊屏風，東南亞佛教雕塑，古埃及的石雕和木製品，中東的陶瓷和金屬製品，波斯文稿等。美國藝術家詹姆斯‧惠斯勒（James M. Whistler）製作的「孔雀廳」（Peacock Room），是鎮館之寶。

展廳作品

　　美術館樓分三層，1、2樓是辦公和研究室，展廳集中在第三層。3樓左邊三間展廳展出中國玉器、銅器、佛像及雕刻等。轉角靠近中庭是中國書畫展廳，驚喜的看到大量明代書法家畫家作品，有文徵明的楷書《太液池》律詩，及《寒林高逸圖》卷軸、沈周的山水等。有趣的是仇英的小品《朱君買驢圖》：朱君站立一側，注視著驢夫拉著

佛像雕刻展廳

奈及利亞的象牙雕刻

弗瑞爾美術館空間藝術展覽廳

不肯就範的驢子，相持不下，韁繩繃成一條直線，簡單幾筆，妙趣橫生。第一次看到耳熟能詳的風流才子唐伯虎的書法和《南游圖》真跡，心中感覺無以名狀。

3樓右側是日本藝術展廳，與東南亞的泰國、緬甸，及喜馬拉雅山系國家包含印度、尼泊爾、阿富汗等地藝術品，展品大多與佛教相關。中東伊斯蘭地區的藝術品占一個展廳。特展展廳展出非洲奈及利亞的藝術品，有象牙雕刻、青銅製品、面具等。

藝術無國界，遠在美國首都看到這些珍貴的東方藝術品，不論它們如何流落海外，為它們能被悉心妥善保護，得到訪客欣賞而欣慰。

孔雀廳

3樓噴泉池花園的西南角，是著名的孔雀廳。房間牆壁是以孔雀羽毛特有的深藍和金色繪製的圖案，櫥櫃中是珍貴的清朝景泰藍瓷器，木屏風上描繪4隻羽毛鮮豔的孔雀。此屋由詹姆斯·惠斯勒於1876年所創作，是維多利亞時代最傑出的裝飾藝術品之一，原本為英國利物浦(Liverpool)一位船業大亨的飯廳，爾後由弗瑞爾買下，遷移到他在底特律的豪宅，1920年捐贈給弗瑞爾美術館作為永久典藏。

孔雀廳牆上飛舞嬉戲的孔雀

唐伯虎的《南游圖》

非洲貝南共和國的面具

設計精美的博物館指路標

仇英的《朱君買驢圖》

亞瑟・薩克勒美術館
Arthur M. Sackler Gallery
致力於東方古文物修復與保存

- http asia.si.edu
- ✉ 1050 Independence Ave. SW, Washington, DC 20560
- ☎ (202)633-1000
- 🕐 每天10:00～17:30
- 休 聖誕節
- 💲 免費
- ➡ 地鐵藍、橘、銀線／Smithsonian站／出站東行3分鐘
- 🏛 2～4小時
- MAP P.16／B3

1987年開放的亞瑟・薩克勒美術館及弗瑞爾美術館同屬史密森尼學會，兩者是研究、保存及展示亞洲文物與藝術品的姐妹館。薩克勒博士（Arthur M. Sackler）畢業於紐約大學醫學院精神科，藉由醫療廣告、醫療貿易出版物，以及製造非處方藥品等致富。

他一生創辦許多醫學院、圖書館，並捐贈建立許多藝術博物館，包括北京大學的薩克勒藝術與考古博物館。

從薩克勒博士的捐贈開始

1987年他捐贈近千件藝術品，及4百萬美元建館經費，使得博物館得以順利落成。他的捐贈品包括古代與現代中東金屬及陶器藝術品，中國玉器、銅器、漆器、繪畫，東南亞的雕塑品等。除了薩克勒的捐贈外，美術館蒐藏了豐富的古伊朗金屬藝術品，10～18世紀印度佛教雕刻，與東南亞地區的陶藝品等。

美術館花園與展廳

地面建築北邊是占地4英畝的伊妮德・豪普特花園（Enid Haupt Garden），園內有典雅的噴泉、磚鋪的步道和開滿鮮花的花圃。

地下一層北側展示中國藝術品，中間是南亞及喜馬拉雅山系附近國家的雕刻，西北角是古伊朗藝術展廳。地下二層中間是亞洲印象展廳，北側是藝術研究圖書館，其餘

薩克勒美術館正門

金箔製作的可蘭經

陶瓷藝術品

空間藝術展廳

為特展展廳。地下第三層空間比較狹小，是日本瓷器及當代藝術展廳。

除展覽之外，薩克勒美術館與弗瑞爾美術館共同致力於古文物及藝術品的修復。1932年弗瑞爾美術館成立東亞繪畫修復及保存工作室，是史密森尼學會第一個以科學方法研究古代藝術品修復及保存的機構，也是美國少數致力於亞洲繪畫維護的機構之一。

看到美國對中國及亞洲藝術品，投入大量資金做系統性研究及細心的維護，心中無限感慨。這兩個美術館是美國對亞洲藝術品蒐藏最豐富的機構，喜愛藝術的旅客可來此一窺其貌。

旅行小抄

徐冰《水中撈月》

進入博物館最先看到的是當代中國藝術家徐冰的空間藝術品《水中撈月》(Monkeys Grasp for the Moon)。以各國象形文字鑄造的21隻抽象猴子，一隻手臂拉住另一隻尾巴成一長串，在迴旋樓梯中間，從天花板下垂到3層樓之下的水池。中國古代傳說，猴子串從屋頂垂到閃爍水面的月影，每次快撈到時，月亮就不見了，令牠們錯愕。這件藝術品隱喻：有時努力追求的，只是不存在的虛幻。作品生動有趣，表現了灑脫的人生態度。

空間藝術《水中撈月》

佛教菩薩展廳一隅

非洲的雕刻藝術

國立非洲藝術博物館
National Museum of African Art

探索黑色大地文化之美

- http africa.si.edu
- ✉ 950 Independence Ave. SW, Washington, DC 20560
- ☎ (202)633-4600
- ◷ 每天10:00～17:30
- 休 聖誕節
- ＄ 免費
- ➡ 地鐵藍、橘、銀線/Smithsonian站/出站東行5分鐘
- ⏱ 2～4小時
- MAP P.16/B3

　　非洲藝術博物館於1964年成立於華府的國會山莊。1979年轉移給史密森尼學會時遷到國家廣場，1987年在現址重新開放。它的蒐藏品數量約1萬2千件，是美國蒐藏非洲文物及藝術品最多的博物館。其成立的宗旨是要透過人類共同的藝術遺產，破除不同文化之間的藩籬。

蒐羅非洲珍貴資料

　　非洲一直沒有發展出有系統的文字，知識和經驗難以累積傳承，不易形成如歐洲、印度、中國的精神及物質文明，也不容易蒐集到有歷史價值的精緻文化與藝術品。博物館展出非洲的傳統樂器、樸素的雕刻品、珠寶、紡織品等。除實物外，攝影家艾略特・伊里索方（Eliot Elisofon）捐贈了約30萬張照片，及膠卷長度達1萬2千英呎、在非洲拍攝的珍貴影片。華特・迪士尼－泰斯門（Walt Disney-Tishman）捐贈的525件珍貴非洲藝術品，則在特設展廳展出。博物館有一間華倫・羅賓斯（Warren M. Robbins）圖書館，擁有超過3萬2千卷關於非洲藝術及文化的資料，是非洲研究領域最重要的圖書館。

　　博物館建築延續了弗瑞爾及薩克勒美術館的風格，地面是3個博物館共享的伊妮德・豪普特花園，地下是三層展覽館。第一層北側有兩大間非洲文化展廳，展出百多年來博物館購買及各界捐贈的藝術品，

一個跛腳的流浪者

掛毯藝術品

碧空下的非洲藝術博物館

最經典的是描述海地領袖陶桑‧路維特與奴隸的雕像《Toussaint Louverture and the Elderly Slave》，它是西非塞內加爾知名藝術家歐斯門‧索（Ousmane Sow）的作品。南側是華特‧迪士尼–泰斯門展廳及塞維亞‧威廉斯（Sylvia H. Williams）展廳，展出他們捐贈的非洲藝術品。地下二層北側是艾略特‧伊里索方展廳，展出他捐贈的攝影作品，南側是演講廳及文物保存工作室。地下三層是經常更換展覽品的特選典藏展廳。

美國有3千多萬非裔人口，他們對自己的歷史、文化及傳統深感興趣，博物館為不同年齡層，設計各種文化藝術課程，滿足他們需求。包括導覽說明、傳統工藝品作坊、學者演講、民間音樂及舞蹈、影片、教師培訓課程等。

知識充電站

史密森尼學會的人道精神

西方列強進入非洲之前，那裡是世界上人類僅存的伊甸園，土著與自然合諧相處，過著葛天氏之民無憂無慮的日子。列強入侵後，發覺當地無可掠奪的資源及財富，於是把黑人像牲畜一樣捕捉，賣到各國作奴隸，以取得利益。

文明劣勢的非洲人無從逃避這個殘酷歷史進程，直到今天，世界也很少有國家願花錢對貧窮、落後、資源貧乏的非洲做研究。參觀華府的非洲藝術博物館，會令人對史密森尼學會的人本精神感到敬佩。

美麗的非洲布料與服飾

博物館

國立非洲藝術博物館

彩繪壁飾

蛇玩的非洲女孩

從螺旋梯上方往下俯視

寬敞的訪客中心

國家美術館東館&戶外雕塑花園
National Gallery of Art East Building & Sculpture Garden
享譽全球的藝術聖殿

- http nga.gov
- ✉ 6th St. & Constitution Ave. NW, Washington, DC 20565
- ☎ (202)737-4215
- ⏰ 週一～六10:00～17:00，週日11:00～18:00
- ㊡ 聖誕節、元旦
- 💲 免費
- ➡ 地鐵綠、黃線／Archives站／出站即達
- ⏳ 2～6小時
- ❓ 若是由西館入館，經過星光點點的時光隧道後，可從地下通道進入東館；走地面的話，則可通過雕塑花園，到對街進入東館
- MAP P.16／C2

國家美術館東館

國家美術館有東、西兩館，1978年開放的國家美術館東館是世界知名華人建築師貝律銘(I.M. Pei)設計，以展出現代藝術品及舉辦特展為主，設有圖書館、視覺藝術進修中心、歐洲版畫和素描研究室。

東館典藏品

東館大堂空間寬廣，適合空間藝術品展示，空中吊掛著一串飛舞的橘紅色彩蝶，地面上是《三個圓》(Circle III)的著色金屬藝術品，牆邊一件切開的巨石雕刻，名為《尋覓巨石的內涵》(Great Rock of Inner Seeking)，後方一面掛滿各種工具的牆，名為《大門，再見了佛蒙特》(Gate, Goodbye Vermont)。另一面牆前的青銅雕塑品，簡單的造型和線條，坐姿顯示男士的莊嚴，及女士的優雅。這裡重視空間和視覺藝術，每件藝術品都占據巨大空間。東館設有研究及進修中心，創作了很多發人深省的藝術品。

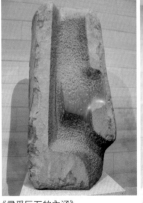
《尋覓巨石的內涵》

《莊嚴和優雅》

鑄銅藝術品《椅子的變形》

Museums

110

《AMOR》

鑄銅藝術品《蜘蛛》

《三個圓》

空間視覺藝術創作《房子一號》

戶外花園典藏品

東、西館之外，國家美術館與自然歷史博物館之間有一個1999年完成的戶外雕塑花園，展出近代藝術家的大型雕塑作品。Constitution Ave.東側進入雕塑園，首先印入眼簾的是比人還高的《AMOR》（義大利語「愛」）4個大字，是美國藝術家羅伯特·印地安納（Robert Indiana）2006年的彩色鋁材創作，桃紅字加黃色內襯，體會愛的溫暖。

前行幾步的超大銅鑄《蜘蛛》（Spider）是美國藝術家路易斯·布爾喬亞（Louise Bourgeois）1997年的作品，十多公尺長的焊接蜘蛛細肢，感似脆弱，其實已歷經風雪考驗。對角的花園牆邊有名為《椅子的變形》（Chair Transformation）的銅鑄藝術品，是美國藝術家盧卡斯·薩馬拉斯（Lucas Samaras）的創作，一個個向上傾斜堆疊的方椅，只靠最下方椅子前兩腳支撐，巧妙的空間平衡，讓人歎為觀止。

藝術創意可無限延伸，誰說金字塔就一定是三角形！看看椅子對面《四邊形金字塔》（Four-Sided Pyramid），美國藝術家梭·李維特（Sol Lewitt）的藝術作品，它以方形混凝土塊堆疊，陽光下明暗交錯，帶有不真實的虛幻感覺。

最讓訪客驚奇又有趣的是漂浮在草地上的《房子一號》（House 1），是美國羅尹·里奇特斯坦（Roy Lichtenstein）1996年的作品。遠看是一間普通平房，靠近和左右移動時，整棟房子都隨著轉動。以鋁桿為支柱的三片薄牆，因視覺差和角度的變換，產生立體動感。人類感知範圍有限，近代藝術在人類覺與識的縫隙中穿梭，像變魔術一樣展現神奇。

《四邊形金字塔》

國家美術館西館
National Gallery of Art West Building
充滿經典藝術品

達文西《Ginevra De Benci》

http nga.gov
6th St. & Constitution Ave. NW, Washington, DC 20565
(202)737-4215
週一〜六10:00〜17:00，週日11:00〜18:00
聖誕節、元旦
免費
地鐵綠、黃線／Archives站／出站即達
2〜6小時
MAP P.16／B2

　　1941年落成的西館外觀高大宏偉，希臘羅馬式的寬廣梯階引領參觀者進入藝術聖殿。進門是高大的圓形大廳，兩排3層樓高的黑色大理石圓柱環繞著室內噴泉，玻璃屋頂引入光線。設計簡單厚實，帶來古典高雅的感覺，建材全部使用大理石，是當時世界上最大的大理石建築。

二樓典藏介紹

　　西館有2層。2樓（Main Floor）的左右兩側走廊是雕塑展廳，幾十座雕像都是精品，值得從各種角度欣賞。圍繞東側的展廳展出13〜19世紀法國、英國、西班牙、美國藝術家的人物、風景、靜物等畫作。法國油畫占大多數，有莫內（Claude Monet）的《日本小橋》（The Japanese Footbridge）、梵谷（Vincent Van Gogh）的《玫瑰花》（Roses）、高更（Paul Gauguin）的《跳舞的女孩》（Breton Girls Dancing）和《自畫像》（Self-Portrait）等名作。

　　進入2樓東側室內花園庭院，左邊特展廳，右邊美國展室。有美國藝術家喬治‧卡特琳（George Catlin）的兩幅印地安酋長畫像、約翰‧考普利（John Copley）令人震撼的油畫《馬特森和鯊魚》（Watson and the Shark）、及占整面牆的青銅浮雕《蕭上校和麻州第五十四軍團》（Colonel Robert Gould Shaw and the Massachusetts 54th Regiment），

大廳內的高大圓廳

中庭花園

銅雕《黛安娜和獵犬》

梵谷《玫瑰花》

莫內《日本小橋》

《馬特森和鯊魚》

壯觀的《蕭上校和麻州第五十四軍團》

義大利15世紀銅雕《喝狼奶長大的戰神兒子》(The She-Wolf Suckling Romulus and Remus)

這是20世紀美國最偉大的浮雕之一。展廳中央有沙發椅，可坐下仔細欣賞浮雕上每位士兵生動寫實的表情。

圓廳西側展出13～18世紀的義大利、法國、西班牙、荷蘭及德國藝術品。文藝復興前的歐洲，知識掌握在教會，該時的藝術品都是聖母、耶穌、天使等宗教體裁。中世紀歐洲教會盛行以彩色玻璃裝飾哥德式教堂，其鮮豔色澤讓人喜悅。達文西1974年的作品《Ginevra De Benci》，正面背面畫中有畫，是美術館鎮館之寶。

2樓多種形式的藝術品，生動有趣也多采多姿。特別欣賞19世紀美國雕刻家保羅‧門西普(Paul Manship)的銅雕《黛安娜和獵犬》(Diana and a Hound)，可感覺到黛安娜挽弓射箭的張力，和獵犬奔跑的動感。他1924年的另一作品，希臘神話英雄《阿克提安》(Actaeon)，及後一年的《歐羅巴的飛騰》(Flight of Europa)銅雕，線條優美，栩栩

如生。美國裝飾藝術及繪畫展廳展出的近代藝術品，繪畫與文字的表達方式比較直白，容易了解。

一樓典藏與環境

1樓(Ground Floor)西展廳的展品形式多樣化，有攝影、版畫、素描、雕塑及裝飾藝術等。分別展出中世紀、文藝復興和巴洛克時期，法國、荷蘭、義大利、美國等藝術品，中央有一間中國陶瓷藝術品特展廳。

1樓大廳是餐廳、咖啡吧和美術館商店。燈光柔和，陪襯著牆上的藝術品，是藝術指數最高的商所。可在咖啡廳裡坐下來喝杯飲料，享受一下藝術的氛圍。

國家美術館正門

國家自然歷史博物館
National Museum of Natural History

收藏最多珍寶異獸

- http naturalhistory.si.edu
- ⊠ 10th St. & Constitution Ave. NW, Washington, DC 20560
- ☎ (202)633-1000
- ⏰ 每天10:00～17:30
- 休 聖誕節
- $ 免費
- ➡ 地鐵藍、橘、銀線／Federal Triangle 站／出站南行5分鐘
- ⏳ 2～4小時
- MAP P.16／B2

1910年開放的國家自然歷史博物館是史密森尼學會建造的第一批博物館，占地14萬平方公尺，展區有3萬多平方公尺，員工超過千人，包括185位自然歷史科學家，是世界最大的自然史研究團隊。每年入場人次有8百多萬人，是世界上同類型博物館中參觀者最多的。除了占地遼闊外，它擁有在植物、動物、化石、礦物、岩石、隕石、人類遺骸、人類文物等分類下的1億2千多萬種標本，可展出物品有3百萬種，博物館展館空間每次只能展出其中的5～8%。

面對國家廣場高大宏偉的正門，是新古典主義形式建築，進門是3層樓高的八角形大堂，右側一隻生動逼真的非洲公牛大象（Bull Elephant）標本，站在模仿牠原生地安哥拉原野（Angola Plateau）的展台上。牠肩高4公尺，體重約12噸，是世界最大象種。展廳不時播放牠在原野的低沉吼叫聲，讓人感覺如臨荒野的非洲大草原。

進入1樓大堂後方的聖特海洋廳（Sant Ocean Hall）就像進入海洋世界，蔚藍光彩下，頭頂上浮游著一條生活在美國東海的北大西洋鯨魚，牠體型巨大是瀕臨滅絕的海

大堂3層樓高的氣派展廳

大堂的非洲象標本

面臨國家廣場的正門

洋動物之一，目前世界上只有不到400隻。半空中漂浮著一隻兩層樓高的粉紅色大水母，後面是快速追逐的鯊魚，下方展櫃中有張開的嘴比人高的大白鯊頜骨標本，和三副巨大的鯨魚骨骼化石等。展廳前後各有一放映場，一處是「海洋探測劇場」（Ocean Explorer Theater），放映潛水球探測人類從未到過的深海海床錄影，另一處是「地表科學」（Science on a Sphere），放映從衛星觀測的地表狀態。若參觀時有播放，這兩部知識性的紀錄片都值得一看。

大堂左側是哺乳動物區，蒐藏來自世界各地超過57萬種標本。哺乳

動物的特徵是有毛髮、乳汁育嬰及頜骨演變成的聽覺器官，人類是其中之一。展廳規畫成草原、沙漠和叢林區，前腳大張俯首飲水的長頸鹿、5百萬年前的大熊、獅子獵捕水牛、倒吊在樹上的穿山甲、獵豹及叼放到樹枝上的羚羊，這些標本製作得如假包換。此展廳老少咸宜，是博物館中訪客最多的展廳。

大堂右側的化石展區，展出超過3,100種化石和模型，演繹35億年的地球生命史。最精彩的是恐龍化石區，恐龍最早出現在2億3千萬年前的侏儸紀，分成陸地和空中兩大類別。化石區入口是兩個6千多萬年前實體大小的雷克斯暴龍（Tyrannosaurus Rex）和三角恐龍（Triceratops）化石，這是世界上第一次用掃描和數字科技還原的恐龍骨骼。其他有翼龍、劍龍、蜥腳龍等46個完整的恐龍標本。恐龍曾在地球上活動2億3千萬年，滅絕的原因可能是氣候變遷。恐龍時代結束後，哺乳動物才登上世界舞台。

2樓左側是毛蟲形狀的圓筒「蝴

馬達加斯加大蟑螂

獵豹和掛在樹上被牠獵殺的羚羊

半空中兩層樓高的粉紅色大水母　獅群撲殺野牛的生動標本　圓筒形的蝴蝶館

蝶館」，內部恆溫恆溼控制，模擬氣候宜人的夏天，幾百隻斑爛色彩的蝴蝶和飛蛾漫空飛舞，從一朵花到另一朵花，忙碌地吸吮著花蜜。蛻變區吊在半空的許多蝶蛹，即將化為斑爛彩蝶。數百萬年來，蝴蝶和植物互為依存，蝴蝶需花蜜生存，植物靠蝴蝶傳粉，但蝴蝶及蛾的幼蟲靠樹液維生，又危害植物，兩者有時為敵，有時為友，難分難捨。幾千萬年來為適應環境，蝴蝶和蛾一變再變，一些品種消失，另一些品種誕生，直到變化成現存的品種。

走過蝴蝶館是昆蟲動物園（Insect Zoo），一個個靠牆的小玻璃室，住著不同昆蟲。門口桌子上幾個瓶

巨大的恐龍頭部骨骼

子，裝了各種活昆蟲，有的可愛，有的噁心。伸開手，志工會把一隻隻不同的昆蟲放在你手心，讓你體會蟲蟲在掌心蠕動的感覺。

博物館共有16個展廳，展覽從地球有生命出現以來的自然歷史資訊。世界的珍寶異獸，可豐富自然科學的知識，適合全家一起來。

三角恐龍化石

以後腳行走的暴龍化石

生活在北大西洋瀕臨滅種的鯨魚

安老師帶你玩 D.C.
希望之鑽與亞洲之星
The Hope Diamond & Star of Asia

2樓右側礦石展廳裡是世界最大的藍鑽石「希望之鑽」(The Hope Diamond)，它形成於1億1千萬年前，17世紀出現在印度，後由法國珠寶商購得，1668年賣給法國國王路易十四，它未切割前的重量估計是115.28克拉，切割後重量是45.52克拉，法國大革命的混亂期間，它被亂民從皇宮盜走。

1812年它出現在英國倫敦，後被紐約鑽石商賣下，1949年轉賣給哈利‧溫斯頓(Harry Winston)，他於1958年捐贈於史密森尼學會，成為美國公民的財產。傳說「希望之鑽」是被咒詛的鑽石，會給擁有著帶來厄運，甚至死於非命，並以路易十六和皇后走向斷頭台作爲例證，傳言無從考證，姑妄聽之可也。

礦石展廳另一個有名的是「亞洲之星」(Star of Asia)藍寶石，它有330克拉，被切割成星形，是世界最大的藍寶石。其他有歐洲皇室皇冠上的紅寶石、皇后佩帶的綴滿寶石的項鍊，琳瑯滿目，貴氣難擋。展廳除寶石外，分類展出各種罕見礦石，有巨大的柱形水晶、瑪瑙、翡翠、玉石、雲母、石棉等。

驚奇的是在轉角展窗中，螢光石在黑暗中發出藍、綠、紅光采奪目的幽光。展廳出口處有三人高的巨大地球剖面模型，以顏色區分地球表面的8個大板塊和9個小板塊，從模型視窗可觀察地球內部結構。

1.解釋地球構造的地球模型 / 2.世界最大鑽石「希望之鑽」 / 3.各式各樣的大小礦石

國立美國歷史博物館
National Museum of American History

以史為榮是國家的自信

- americanhistory.si.edu
- 1400 Constitution Ave. NW, Washington, DC 20001
- (202)633-1000
- 每天10:00～17:30
- 聖誕節
- 免費
- 地鐵藍、橘、銀線／Smithsonian站／出站北行3分鐘
- 2～4小時
- MAP P.16／B2

1964年開放的美國歷史及科技博物館,是史密森尼學會於國家廣場的第6座博物館,也是華府歷史性地標。1980年它更名為美國國家歷史博物館,以符合它「蒐集、保存、及研究有關美國社會、文化、科學、技術及歷史文物」的宗旨。收藏品超過3百萬件,每件都是見證美國歷史的寶物。參觀人數每年約4百萬人,是國家廣場最熱門的博物館之一。

國家廣場大門前很遠就可看一座高7.3公尺,名為《無窮盡》(Infinite)的抽象藝術品,一條盤旋的4.9公尺不鏽鋼彩帶,鑲嵌在一層樓高的花崗石基座上,陽光下閃閃發光,象徵歷史的繼往開來,無窮無盡。博物館有3層樓,1樓是美國對科學及科技領域貢獻的展覽,2樓是美國歷史及文化相關的展覽,3樓是政治及戰爭歷史展廳,另有娛樂及運動展廳。

一樓展廳

進門大廳東側是「運輸及技術」展廳(Transportation & Technology),西側是「創新、創意與創業」展廳(Innovation, Creativity & Enterprice)。龐大的早期蒸汽火車頭、鐵軌,整個搬到展廳內,對比在旁1927年北卡羅來納州使用的運貨馬車,展現其載貨能力的天地之差。「光源革命」展廳(Lighting a Revolution)用圖片、說明、實體模型,演繹人類使

愛迪生發明的鎢絲電燈泡

北卡羅來納州的貨運馬車

早期的蒸汽火車頭

Museums

美國歷史博物館正門

用光源的變化，第一代光源是自然光，如陽光、月光及燃燒蠟燭、煤炭的光，第二代光源是造成光源革命的愛迪生鎢絲燈泡，第三代光源是發光效率更高的螢光燈，及稍後演變成的三基色節能燈，最後是發光二級管（LED）。這是美國科技對人類最大貢獻，博物館精心布置各項展品，說明此過程。

「動力機械」展廳（Power Machinery）有電力變壓器、發電機、工廠的動力馬達等模型，也用看板詳細說明其工作原理。改變人類通信方式的發明是山繆‧摩斯（Samuel Morse）發明的電報機及電報碼、貝爾發明的電話機、近年的手機、網路電話等。早期的古董電

器龐大笨拙，見證人類科技文明進步的歷程。

「美國的移動」展廳（America on the Move）展示汽車發展及應用的歷史，市中心各式各樣交通工具，指揮交警，栩栩如生地展示在寬闊展廳中。公共汽車、輕軌電車、通勤火車等，也真實的陳列。「錢幣的故事」展廳展示了從殖民地時代、到加州淘金熱、至現代的各種歷史錢幣。

二樓展廳

2樓的寬闊樓梯轉角，占據整個牆面的是以塑料亮片綴成的抽象美國國旗，貼片閃爍發光，國旗炫目耀眼。2樓正中央是「國旗廳」，展出博物館的鎮館之寶，美國第一面國旗「星條旗」（Star Spangled Banner）。高9.1公尺、寬10.4公尺以棉布和毛線縫製的國寶，放置在溫溼度控制的安全玻璃櫃裡。

1812年美英戰爭期間，它曾在巴爾的摩港口麥克亨利堡（Fort McHenry）上空見證戰爭的勝利。法蘭西斯‧思考特‧基（Francis Scott Key）在砲聲隆隆、火光處處狀況

汽車行駛在野外，遇到沒有道路時的尷尬狀況

DARPA舉辦的無人車大賽冠軍車輛

不同年代宣傳投票的各式廣告

下，看見這面戰火中飄揚的國旗，有感而發，於1814年11月譜下《保衛麥克亨利堡》（Defence of Fort McHenry）的史詩，1931年被採用為美國國歌的歌詞。

值得一提的是2樓展廳曾展出美國先進防禦武器研究實驗室（DARPA）主持，無人駕駛車大賽冠軍車輛「史丹利號」（Stanley），它是史丹福大學和福斯汽車公司合作研發的成果，它的自主控制技術使無人駕駛車能成為未來。2樓其他部分有「美國的故事」、「歷史文件」及「非裔美國人歷史及文化」等展廳。

以塑料亮片綴成的抽象美國國旗

第18任總統尤里西斯‧葛蘭特(Ulysses S. Grant)在就職典禮時乘坐的古典四輪馬車

三樓展廳

3樓是「美國總統」展廳（American Presidency），一面弧形牆壁上，依年代表列並簡單介紹美國的歷任總統，展廳中央是第18任總統尤里西斯‧葛蘭特（Ulysses Grant）1873年第二屆總統就職典禮時乘坐的古典四輪馬車。其他展出的有華盛頓總統在戰爭時期使用的望遠鏡和配劍、傑佛遜總統起草《獨立宣言》的小木桌、林肯總統被刺殺當晚戴的圓型禮帽、各屆總統的日常用品等。

Museums

博物館

國立美國歷史博物館

簡介歷任美國總統的弧形牆壁

接鄰的「第一夫人」展廳（First Ladies）蒐集了近百年來歷任總統夫人的禮服、鞋子、珠寶、裝飾品等，禮服有24件，其中11件是她們在總統就職典禮時穿過的。

「自由的代價」展廳（Price of Freedom）記錄了美國從殖民地時代至今經過的戰爭：脫離英國控制的獨立戰爭、解放黑奴的南北戰爭、與獨裁集團對抗的第一與第二次世界大戰、捍衛民主自由的韓戰、越戰等。獨立戰爭時的美國軍服、南軍統帥李將軍（Robert E. Lee）在投降儀式中使用的桌子、中東「沙漠風暴」軍事行動中鮑威爾（Colin

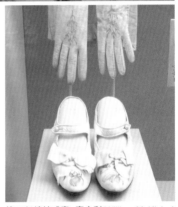

第25任總統威廉·麥金利(William McKinley)就職典禮時，第一夫人穿戴的手工繪製鞋子和手套

Powell）將軍穿過的軍服、最大的是一架整修過的越戰陸軍直昇機（Huey Helicopter），此直升機當時縱橫越南領空，是越戰的標誌。整個展廳有8百多種展覽品，生動地敘說著美國的戰爭故事。

美國歷史短短幾百年，博物館以琳瑯滿目展示品細說其輝煌進程。美國以其歷史為榮，對歷史古蹟及文物用心維護，說明它是一個有自信和光明未來的國家。

美國各地以總統姓名命名的道路

新聞博物館
News Museum
以新聞監督政府

新聞博物館大樓

- http newseum.org
- ✉ 555 Pennsylvania Ave. NW, Washington, DC 20001
- ☎ (202)292-6100
- ⏰ 週一～六09:00～17:00，週日10:00～17:00
- 💲 6歲以下兒童免費，7～18歲青少年$14.95，19～64歲成人$24.95，65歲以上$19.95；網路購票可享折扣
- ➡ 地鐵綠、黃線／Archives站／出站後沿Pennsylvania Ave.往東步行一個街口
- ⏳ 4小時
- MAP P.16／C2

2008年完工開放的新聞博物館，正面23公尺高的大理石外牆，刻著美國憲法第一增修案全文，說明言論及出版的自由是人民不可侵犯的權利，人民因之可藉新聞的力量監督政府，避免執政者的貪污腐化。

柏林圍牆與911世貿天線

新聞博物館有14間展廳，15間多媒體劇院，和兩座電影攝影棚。展品中最有意義的是冷戰時期，分隔東西德柏林圍牆的8塊水泥塊，每塊高約3.6公尺，寬約1.2公尺，重3噸。其強度可抵擋坦克車，但擋不住從西方傳到東德的新聞，這些口耳相傳的小眾新聞，最終導致東德政權的崩潰。柏林圍牆的殘塊隱喻了新聞力量的強大。

另一個有意義的展品是911恐怖攻擊後，紐約世貿大樓殘存的天線。經波音747客機撞擊、傾倒、擠壓後，它變成一個扭曲變形的鐵架。牆上貼著大樓被兩架客機撞擊後濃煙密布的照片，另一面牆是犧牲消防隊員的遺像。

普利茲新聞照片獎藝廊

普利茲新聞照片獎藝廊（Pulitzer

柏林圍牆片段

每天更新的世界各地今日新聞首頁

寬廣的入門大堂

Prize Photographs Gallery）蒐集了1942年以來，獲頒普利茲獎的新聞照片。這些照片曾深深打動人心，成為當時的記憶影像，例如二戰時海軍陸戰隊在硫磺島升起國旗、奧克拉荷馬市政大樓被恐怖襲擊後，消防隊員抱著一名受傷嬰兒的照片等。

新聞照片傳達的涵義和照片後的真實故事有時南轅北轍。越戰時西貢警察局長在街頭親手槍斃一名越共的照片，讓全世界人認為南越血腥殘酷。鮮有人知道，該冷血的越共曾把警察局長一家8口，包含年輕妻子、70多歲父母、和一歲多孩子，一晚全部擊斃。

透過影片了解更多

紀錄劇院（Documentary Theater）有120個座位，定時放演各種有時代影響力及教育意義的紀錄片。透過這些紀錄片，觀眾可以回顧歷史上的知名事件，理解新聞對人類的貢獻。

華特及里諾・安尼柏劇院（Walter and Leonore Annenberg Theater）是體驗新聞的劇院，透過立體影片，穿越時光隧道，重演歷史。紀錄片讓你彷彿置身二戰時倫敦高樓屋頂，德軍轟炸機呼嘯而過，炸彈的爆炸威力令人震撼。這種高科技和新聞結合的表達方式，堪稱世界首屈一指。

其他看點

今日新聞首頁展廳有超過500種美國及世界各地報紙的首頁，這些電子版的首頁每天更新，台灣的中國時報、聯合報、蘋果日報，及大陸人民日報都名列其中。

新聞博物館由時代華納、福斯電視、美國廣播公司、國家廣播公司等出資贊助。整體設計和展出內容都精采絕倫，值得一看。

普利茲新聞獎照片藝廊

紐約世貿大樓遭受911恐攻後，扭曲變形的屋頂天線塔

博物館

新聞博物館

123

國家郵政博物館
National Postal Museum

美國郵政史縮影

- **http** postalmuseum.si.edu
- ✉ 2 Massachusetts Ave. NE, Washington, DC 20002
- ☏ (202)633-5555
- ⊙ 每天10:00～17:30
- 休 聖誕節
- $ 免費
- ➡ 地鐵紅線 / Union Station站 / 出站即達
- ⏳ 2～4小時
- MAP P.17 / D1

世界各地造型不同的郵筒

國家郵政博物館在華府的聯合車站(Union Station)旁，是一棟典雅壯麗的希臘羅馬式建築。美國郵政史是美國歷史的縮影，1775年美洲郵政署成立，後一年美國獨立，班傑明‧富蘭克林(Benjamin Franklin)是首位郵政總長，1792年郵政署改為美國郵政部，他也擔任第一任郵政部長。富蘭克林除當過駐法大使、英國皇家學院院士、發明避雷針外，也是美國郵政系統的創建者。

郵政博物館的許多展廳展示美國郵政史及郵件處裡過程，其中「工作中的系統」展廳(Systems at Work)，以實例解釋信件的收集、分類、運輸、送達等4個步驟，小到一張明信片，大到禮物包裹，都須經過這些步驟。展廳正中有一個270度的3D投影銀幕，立體顯示郵件處理的每個細節。

郵件的運輸用汽車、火車、輪船、飛機等，展廳大堂空中的飛機，地面的車輛，展示各時期的郵件運送工具。值得一提的是「驛馬快遞」(Pony Express)，它是1860年4月～1861年10月，美東、美西間最快的信息傳遞方式。當時加州因掏金熱迅速發展，聯邦政府急需一個與加州聯絡的快速管道，驛馬快遞應運而生。

它的路線從密蘇里州的聖約瑟夫(St. Joseph)到加州的沙加緬度

晴空下的美國郵政博物館

早期的郵遞車輛

運送郵件和包裹的驛馬車

Museums

郵政火車站搬進展廳大堂

（Sacramento），全長1,966英里。它以單人匹馬運送郵件，沿途每10英里設一驛站，騎士到站換馬不換人，每75～100英里換騎士，整條路線共設165個驛站，這樣馬不停蹄，使兩地間郵件傳遞時間從原來的24天縮短成10天。1861年10月華府到舊金山的電報線路舖設完成，它才走出歷史。

電腦網路的發展使人們較少用信件，近年郵政業務量大幅下降，美國郵政從業人數從80萬，減到目前的59萬，但仍維持著世界上最大車隊21萬輛郵遞車。這幾年郵購及快遞業務迅速發展，或許給郵政帶來轉機，讓它能繼續為民服務。

放大的世界各國郵票

旅行小抄

狗郵差——歐尼

郵件收集從郵筒開始，展廳蒐集展出世界各地的郵筒，台灣限時專送郵筒也在其中。展廳邊有隻名叫「歐尼」(Owney)的小狗塑像，記錄了一個溫馨的狗郵差故事。牠在1890年代，跟著牠的郵差主人走遍美國各大都市。狗朋友送的各種狗脖圈，連同狗塑像都在展櫃中展示。

狗郵差歐尼的塑像

知識充電站

郵票的誕生

郵政發展離不開郵票，郵票的概念源自於英國的老師羅蘭·希爾(Rowland Hill)，他在1837年提出「郵資可用一張黏貼在信封上的小紙片，由寄信方預購支付」的概念，英國郵政局依此概念，於1840年發行了印有維多利亞女王頭像的世界第一張郵票「黑便士」。美國則於1847年發行了印有華盛頓頭像的第一張郵票。

1847年美國發行的第一張郵票

博物館

國家郵政博物館

125

美國藝術博物館&
國家畫像藝術館

American Art Museum & National Portrait Gallery

集美國藝術作品於大成

《戰爭時代的林肯》

- http americanart.si.edu
- ✉ 8th and F St. NW, Washington, DC 20004
- 📞 (202)633-7970
- 🕐 每天11:30～19:00
  瑞威克藝術館每天10:00～17:30
- 休 聖誕節
- $ 免費
- ➡ 地鐵綠、紅、黃線／Chinatown站／出站西行1分鐘
- ⏲ 2～4小時
- MAP P.16／B1

主建築原是1968年完工的美國專利辦公室（Patent Office），其典型希臘復古風格建築，是華府最古老建築，也是國家歷史建築。這棟位於首都市中心的雄偉建築歸屬史密森尼學會後，1968年開始容納2座博物館：美國藝術博物館與國家畫像藝術館。

美國藝術博物館是世界蒐藏最多美國藝術品的博物館，它以視覺藝術，及跨越三個世紀的豐富典藏，述說美國文化發展的歷史故事。內有7,000多位美國藝術家的作品，包括美國西部影像、印象派畫作、民間藝品、照片、錄像、多媒體藝術品、非裔和拉丁美洲藝術家的現代作品等。大部份藝術品都在主展廳展出，美國工藝和裝飾藝術品則展出於Pennsylvania Ave.和17th St.的分館瑞威克藝術館（Renwick Gallery）。

一樓展廳

博物館分3層，圍繞中庭四面都是展廳，美國藝術博物館和畫像館在各層分別占有一部分。1樓西側是美國藝術博物館，有視覺藝術品展廳及美國體驗展廳，展出風景、人物、靜物等畫作。東側是美術

中庭挑高3層樓的方形玻璃屋頂

126

《生命的精神》(Spirit of Life)是丹尼爾·法蘭西(Daniel Chester French)的銅鑄藝術品

油畫《死亡之杯》(The Cup of Death)，美國藝術家伊利維德(Elihu Vedder)的作品

博物館希臘復古風格的正門

館，有美國藝術史畫廊、美國起源展廳，展出著名歷史人物的畫像，如林肯、華盛頓、富蘭克林等。

二樓展廳

2樓西側是國家畫像藝術館，其中「美國總統」展廳是白宮以外，蒐藏美國歷任總統畫像、照片、雕像資料最完整之處。接鄰的是「爲正義而奮鬥」（The Struggle for Justice）展廳，展出爲公民權利及正義而奮鬥的重要歷史人物。

東側是美國藝術博物館展廳，包括早期美國、西方藝術、民間藝術、風景繪畫攝影、印象派藝術、現代主義藝術等，其中橘紅色的「南北戰爭」3間展廳，以整面牆的戰爭場景油畫、雙方的軍旗、武器、將領畫像、人物雕塑等，深入檢視這場內戰。

三樓展廳

3樓南側展出20世紀美國藝術作品。其它三側屬美國藝術博物館，東側「當代藝術」展廳，展出1945年至今的作品，西側露西基金中心（Luce Foundation Center）是華府第一座視覺藝術的研究及蒐藏中心，從典藏中挑出的3,000件展品，有繪畫、彫塑、工藝、雕像、銅鑄品及民間藝術品等，以不同角度體驗美國的藝術。朗德保存中心（Lunder Conservation Center）儲存數以千計的藝術品，可從長廊透過大玻璃窗，實際看到專家們在仔細工作。

博物館的中庭是藝術建築，3層樓高方形玻璃組合的屋頂，美輪美奐的景觀庭園，其中設有咖啡座，可休息用餐。

彩繪裝飾的鋼琴

橘紅色調的南北戰爭展廳

大理石基座上的是美國藝術家貝西·馮農(Bessie Potter Vonnoh)的銅鑄藝術品《自然純真》(In Arcadia)

銅箔鑲嵌的藝術品

國家地理博物館
National Geographic Museum
世界唯一地理專題博物館

國家地理學會徽記

http ngmuseum.org
✉ 1145 17th St. NW, Washington, DC 20036
☎ (202)857-7700
🕐 每天10:00～18:00
休 感恩節、聖誕節
$ 5歲以下免費，5～12兒童$10，成人$15，長者、學生、軍人$12
➡ 地鐵紅線/Farragut North站/出站後L St.右轉，至17th St.左轉即達
⏳ 1～2小時
MAP P.11/F5

1888年出版第一期的《國家地理雜誌》（National Geographic），像《讀者文摘》（Reader's Digest）一樣，是讀書人從小就喜愛看的雜誌。發行這本雜誌的單位是1888年1月於華府成立的國家地理學會（National Geographic Society）。它是世界第一本用精采照片講故事的雜誌，介紹世界的地理、科學、歷史、文化、時事等相關知識。目前它每月以40種語言在世界各地發行680萬冊，約有6千萬讀者。

國家地理博物館是世界唯一的地理專題博物館，它資助過許多巡迴展覽，2010年舉辦過埃及圖特王（King Tut）特展，2008年舉辦過阿富汗文化瑰寶展覽，2009年舉辦過中國秦始皇兵馬俑特展等。它沒有華府其他國立博物館的雄偉氣派，但每個展覽都設計的專業和用心，以大型照片表現的內容，帶觀眾進入意想不到的大自然奇幻世界。

進門是許多2張一組的照片對比組，一邊是在陽光下列隊走在山脊的登山客，另一邊是在雪丘上排隊跳進冰冷海水的小企鵝。一組是手持彩色大傘讓犀牛親吻的非洲土著，對比圍繞在硃紅色火山岩漿中的藍色火山湖。一組是吊在懸崖峭壁帳篷中休息的攀岩客，對比另一張在海邊波濤中兩根柱子之間的吊床。這些照片色彩鮮豔，表達的內容嚴肅也詼諧。

國家地理博物館大樓

展廳中央的特展區

深海水下攝影展區

實物大小的凶猛鯊魚標本

野獸留下的各種蹤跡

水晶的探索研究專題展區

地理相關產品

　周圍牆上有許多經典攝影作品，其中一張以彩色紙為頂棚的台灣台南媽祖廟，表現平和氣氛，在異鄉看到故鄉，總令人感動。另一張英國倫敦動物園幾個穿著制服站得挺直的小學生，與站得挺直的國王企鵝合照，生動有趣。展廳中間以顏色區分成不同主題區，有海底生物區、野生動物區、自然生態區等，每個區域都值得仔細欣賞。

　跨過中央走道是展出「探索世界」（World Explorers）的西展廳。

　進門是深海區，迎面是一個實物大小張開大口的鯊魚，令人震撼。接著是極地區，探險家以照片生動的描寫極地動物的生活。其中一張國王企鵝媽媽彎著頭，看著小企鵝站在她腳背上避免冰冷的照片，表現動物和人類一樣的母愛。其他的熱帶雨林區、非洲野生動物區、夜行動物區等，以精采照片說故事。國家地理雜誌的照片世界有名，喜愛攝影的遊客，可來此向攝影大師學習。

極地區觀察及研究北極熊生態的小木屋

野外追蹤技術展示區

從各種動物的「米田共」探索食性

國家建築博物館
National Building Museum
展現建築的特色與未來

一個旋轉木馬亭的部分模型

- http www.nbm.org
- ✉ 401 F St. NW, Washington, DC 20001
- ☎ (202)272-2448
- ⏰ 週一～六10:00～17:00，週日11:00～17:00
- 休 感恩節、聖誕節、元旦
- $ 大堂免費，展廳2歲以下免費，成人$10，學生、長者、3～17歲$7
- ➡ 地鐵紅線／Judiciary Square站／出站即達
- ⏱ 1～2小時
- MAP P.16／C1

國家建築博物位於一棟1887年落成的建築裡，設立目的在審視美國建築設計及城市規畫的歷史進程。以實物、樣品、照片及模型展現美國城市的特色建築。另一個目的在引導城市建築未來發展方向，期望未來建築能使用更多環保材料，節省能源，生活更舒適及便捷。此建築也為華府政府機構、基金會及私人公司提供一個舉辦大型活動的場所。它的中央大廳可容納上千人，

曾是16任總統就職所在地，也是每年春天國家櫻花節開幕式的場地。

建築被列為國家歷史古蹟

國家建築博物館本身是有特色的建築，外部模仿米開朗基羅（Michelangelo）於1589年完成的法爾內塞宮（Palazzo Farnese），外牆全部以紅色磚塊砌成，使用紅磚的原因，一則是便宜，二則是有防火功能。外牆白色窗格，以金色門楣裝飾，古樸典雅又高貴。

中央大廳高4層樓，長96公尺，寬35公尺，最高處48公尺。兩側各有4個高23公尺，世界最大的哥林斯（Corinthian）廊柱，這些巨大廊柱雄偉壯觀，頗有頂天立地的架勢，將博物館大廳分成3個區域。以廊柱做空間區隔的構想，源自於16世紀米開朗基羅在羅馬建造的聖瑪麗亞教堂（Santa Maria Degli Angeli）

金黃色的門楣

訪客中心

遠觀建築博物館的全貌

木料展廳內部

以木料年輪顯示各年代木料的品質差異

，該教堂的廊柱依幾何比例將主禮拜大廳完美分隔，成爲建築界模仿的典範。

圍繞大廳的拱形走廊，是模仿16世紀羅馬教廷文書院（Palazzo della Cancelleria）的格式，這種設計讓四周每間展廳都能兩面採光。大廳屋頂鑲嵌引入光線的大片玻璃，光線及空氣可在室內自然循環，大廳中央有一處直徑8.5公尺的圓形室內噴泉，川流不息的清泉增添大廳的活潑及動感。

特色展出介紹

博物館建築中有3層是展廳，櫥窗中蒐集美國各地的建築磚塊，並說明因土質及燒窯技術造成磚塊品質的差異。3樓特闢2大間蒐集美國及世界各地木材的展廳Timber City，美國的建築除大城市外多是木結構，展廳分門別類說明各地木料材質及耐久性的差異。這種特展經常更換，每次主題不同，但內容一樣豐富又精采。展覽櫥窗有複製美國各大城市地標建築的紙質及木質模型，其中一個具體而微的立體模型，顯示美國普通家庭的居室配置。

建築是人類安身立命之所，家庭建築除了安全外，需考慮舒適及方便性。公共建築、學校、政府機構、購物中心、休閒場所等，則要考慮節能、環保等。對建築有興趣的遊客，可來此探索美國在建築領域的成就及未來發展。

中央大廳以8支世界最大的金黃色廊柱支撐

展示住家內部的精緻模型

131

國際間諜博物館
International Spy Museum
知己知彼，百戰不殆

- http spymuseum.org
- ✉ 800 F St. NW, Washington, DC 20004
- ☏ (202)393-7798
- ⏰ 每日10:00～18:00
- 休 感恩節、聖誕節、元旦
- $ 6歲以下免費，7～11歲$14.95 12～64歲$21.95，65歲以上$15.95
- ➡ 地鐵綠、紅、黃線／Chinatown站／出站西行5分鐘
- ⏳ 1～2小時
- MAP P.16／B1

隱藏在一本書裡的袖珍照相機

美國唯一以間諜活動為主題的博物館

2002年在華府開幕的國際間諜博物館，蒐藏包括英國、德國、蘇聯、美國及世界大戰、冷戰時期的各種間諜用具。《孫子兵法》謀攻篇云：「知己知彼，百戰不殆」，知己容易知彼難，「用間」則是知彼的重要手段。西元前1193～1184年間，希臘在特洛伊戰爭的木馬屠城是有名的間諜運用。如今網路時代，經常看到政府或公司機密被駭客入侵竊取的新聞報導。間諜由古至今，無處不在。華府是美國政治軍事中心，據說是世界上間諜最多的城市，國際間諜博物館設於此，有其意義。

間諜博物館樓分3層，主展廳在3樓，007情報員特展在1樓，2樓需另外購票，是實際扮演間諜的「間諜活動廳」（Operation Spy）。1樓購票大廳展示英國007情報員在電影裡使用的特殊車輛，一輛看起來普通的跑車，戰鬥時前方會伸出兩個銳利矛頭，後座升起遙控機槍，噱頭十足。進門有5分鐘介紹影片，先讓你對間諜活動有個基本概念。

間諜配備與基本功夫

3樓展示間諜基本技術，易容術

間諜博物館的建築外觀

英國007情報員電影中使用的戰鬥車輛

設計精美的世界巨頭派對海報

易容術是間諜的必修課

間諜使用的各式通信工具

是基本功，櫥窗裡的易容器材，一個間諜變裝長鬚老頭、年輕帥哥，甚至女教師、老婦人。通信是另一必修，間諜將情報資料藏在垃圾堆的可樂罐裡、行動指令塞在樹洞、暗號刻在電線桿、密碼機的解密等通信方式等。展櫃有為間諜設計的器具，隱藏書裡的袖珍相機、口紅裡的迷你手槍、拐杖裡的長刀、便於攜帶的微型鋸子、剪刀、鉗子、鉤子等隨身工具等，琳瑯滿目。有一間展廳講述二戰和冷戰時期的真實間諜故事，看不見的間諜活動和戰爭成敗關係密切，也影響歷史的進程，這些間諜故事可以佐證。

1樓是007超級情報員詹姆士‧龐德（James Bond）電影系列特展，這裡蒐集了110多種電影裡的間諜道具，及電影系列的精美海報。

關於近代間諜活動情況，博物館製作《真理的基礎》（Ground Truth）影片，說明世界面臨的情報工作挑戰，「大規模毀滅性武器」展廳，說明網路世界中日益嚴重的駭客威脅。

國際間諜博物館是世界間諜專題搜藏最豐富的博物館，目前有2,400種蒐藏品，每次展出其中三分之一。雖然需要購票，但主題有趣，值得來此一看。

冷戰時期CIA情報員招募廣告

冷戰時期CIA女情報員招募廣告

間諜使用的小型隨身工具

大廳中擁擠的購票人潮

美國大屠殺紀念博物館
The United States Holocaust Memorial Museum
謹記歷史教訓

- http www.ushmm.org
- ✉ 100 Raoul Wallenberg Pl. SW, Washington, DC 20024
- ☎ (202)488-0400
- ⊙ 每天10:00～17:20
- 休 贖罪日(Yom Kippur)、聖誕節
- $ 免費
- ➡ 地鐵藍、橘、銀線／Smithsonian站／出站西行10分鐘
- ⌛ 2～4小時
- MAP P.16／A3

國家廣場西端的美國大屠殺紀念博物館,是美國為紀念二戰期間德國納粹屠殺猶太人設立的博物館,落成開放於1993年。館內蒐集了大量大屠殺時期的歷史文件,並研究、解釋、還原真相,讓人們記住歷史的教訓,不要使悲劇重演。

博物館占地6,880平方公尺,建築面積23,968.99平方公尺。面對14th St.的外牆以原色磚塊和水泥構成,如同監獄般的粗糙牆面和周圍光潔的聯邦建築做區隔。內部3層樓高天窗,將光線引入樓梯、牆壁、及各樓層。透過光影明暗、透明度及隱藏性,讓不同人對建築內涵作不同解讀。

二戰猶太人受難史

搭電梯到4樓,順著永久展覽館(Permanent Exhibition)環繞下行,各層樓可看到納粹大屠殺分階段展開的歷史。先是1933～1939年德國納粹黨在阿道夫・希特勒(Adolf Hitler)領導期間,逐步獲得政權的歷程,審視了雅利安人(Aryan)的意識形態,反猶太主義的興起和經過,及美國對納粹德國的反應。3樓展出納粹有計畫消滅猶太人的殘酷手段,包括槍殺、苦役、集中營和煤氣室等。1933～1945年,納粹在歐洲建立了42,500個猶太人聚居區和集中營。最終屠殺了6百多萬猶太人。

納粹大屠殺博物館

博物館東大門

解救集中營猶太人的美軍軍旗

等待命運安排的猶太人

盤查猶太人的納粹祕密警察

2樓展示大屠殺的終結過程，盟軍在各地解放納粹關押猶太人集中營的歷史照片，牆上懸掛著盟軍各作戰單位軍旗作為紀念。放映室可觀看一部大屠殺倖存者證詞的電影。這裡照片有些太過殘忍和血腥，11歲以下兒童不宜參觀。

前事不忘，後事之師

永久展覽館展示900多件歷史文物，有70個放影機，及4個放映歷史電影及目擊證人證詞的劇院。集中營中準備送往煤氣室的猶太人身上取下的假金牙、眼鏡、鞋子、皮帶等，滿滿堆積一個房間，看了怵目驚心。最下層有一間沒有任何裝飾只有燈光、莊嚴肅穆紀念堂，邀請參觀人員入內，在永恆火焰

（Eternal Flame）前默禱。

博物館的蒐藏包括12,750多件文物，4千9百萬頁檔案資料，8萬張歷史照片，20萬註冊倖存者，1,000小時的檔案影片，8萬4千個圖書項目及9,000部口述歷史影片。它不只是博物館，也是世界上研究此專題的重要機構，有美國教師研究員和26個國家近400名大學研究員在此工作。

只有最優秀的民族，在哲學思想偏差時，才會犯下大罪惡。大屠殺博物館展示的納粹仇恨心態，及有計畫性的種族滅絕過程，令人沉痛。散播仇恨或可凝聚一時力量，但終究會被歷史審判，為政者不可不慎。

博物館內走廊

博物館等待導覽的觀光客

外型像監牢鐵門，其實是電梯

博物館中庭樓梯

佛爾格·莎士比亞圖書館
Folger Shakespeare Library

To Be or Not To Be

- http www.folger.edu
- ✉ 201 E Capitol St. SE, Washington, DC 20003
- ☎ (202)544-4600
- ⏰ 週一～六10:00～17:00，週日12:00～17:00
- 休 感恩節、聖誕節
- $ 免費
- ➡ 地鐵紅線／Union站／出站沿1st St.南行，E Capitol St.左轉一個路口
- ⏱ 1～2小時
- MAP P.17／E3

莎翁名劇《羅密歐與茱麗葉》浮雕

這間圖書館於1932年落成開放，是經營美孚石油（Mobil Oil）致富的亨利·佛爾格（Henry Folger）與妻子艾蜜麗（Emily Folger）捐贈興建。他們夫妻熱愛英國大文豪莎士比亞的戲劇與詩歌，花費鉅資蒐集了大量從16～20世紀的莎翁資料。建一座圖書館，保存他們蒐集的9萬3千本書、5萬份印刷品、數千手稿，獻給美國，正是他們的心願。圖書館的蒐藏逐年增加，如今已有25萬5千本書、及無數的印刷品、樂器、莎翁名劇服裝等，成為世界上蒐藏莎士比亞資料最豐富的圖書館。

圖書館的新古典主義外觀，白色大理石的結構，與附近的國會山莊、國會圖書館、聯邦最高法院等建築匹配。入口左側牆上有8幅浮雕，從《李爾王》、《馬克白》到《威尼斯商人》，刻畫莎翁名劇中場景。正門花崗石的門框，金邊玻璃門，純樸厚實。走進內部，橡木的門窗和邊框、仿古花色的地磚、挑高的彩繪天花板、花崗石的梁柱，彷彿回到英國的都鐸（Tudor）王朝時代。梁柱上隨處雕刻著莎士比亞名句，牆壁上張貼著戲劇海報，古

古典的花崗石門廊

莎士比亞圖書館外觀

莎翁名劇《仲夏夜之夢》浮雕

典和現代並陳，饒富趣味。

　　莎翁蒐藏展示在左側大廳Great Hall，劇本和詩則存放在圖書館的閱覽室。通過展示大廳到建築另一側，占整棟建築三分之一的是仿照400年前倫敦劇院建造的伊莉莎白劇院（Elizabethan Theatre）。劇院上下兩層，紫紅絨面座椅，木製圍欄，梁柱裝飾，舞台布幔燈光等，像回到中世紀的英國。

　　劇院定期演出或朗誦莎翁著作，仿古劇場觀賞莎翁名劇，會是賞心樂事。當年倫敦觀劇是富人娛樂場所，入門基本費是6便士（Pence），坐位費24便士，包廂至少30便士，這些難以換算成今天幣值，只能以當年倫敦一個人一天的生活所需約4便士做票價高低的推算。

旅行小抄

文豪莎士比亞

　　莎士比亞被譽為400年來英文寫作最有名的文學家，幾乎每個人都看過象徵純潔愛情的《羅密歐與茱麗葉》，或讀過也翻譯成《王子復仇記》的《哈姆雷特》，或看過拍成電影的《凱薩大帝》，或《仲夏夜之夢》。莎士比亞生於1864年英國倫敦北方的Stratford市，成年後在倫敦的歌劇院當過演員，也寫劇本，兩個領域他都展現天才，名傾一時。據考證他一生寫過38部劇本，喜劇、悲劇、愛情、政爭、宮廷內幕等，每一部都深入刻畫人性，演出時造成轟動。

圖書館主展廳

仿17世紀英國劇院打造的伊莉莎白劇院，下方為主觀眾席

收藏莎士比亞文物的展櫃

紀念公園
Memorial Parks

華府的紀念公園區在國家廣場以西，到波多馬克河畔，分成戰爭紀念區及偉人紀念區兩部分。

華盛頓紀念碑是世界最高石結構建築，西側是承載許多人傷痛記憶的二戰紀念園區，再往西是越戰紀念碑，黑色大理石牆面刻滿陣亡將士姓名。反映池對面的韓戰紀念碑，冰天雪地中艱苦前進的將士，還在進行著一場絕望的戰爭。緊鄰的是紀念華府一戰中陣亡軍人的紀念亭。

林肯紀念堂是華府地標之一，它的外形像一座古希臘神廟，隔著反映池與華盛頓紀念碑及國會山莊連成一條軸線。潮汐湖畔，叢樹林中，是紀念帶領美國度過二戰的羅斯福總統紀念公園。不遠處是紀念不屈不撓為黑人爭取民權的馬丁·路德·金恩博士紀念碑。遙遙相望的是傑佛遜紀念堂。

林肯紀念堂
Lincoln Memorial

哲人其萎，典型在夙昔

- http nps.gov/linc
- ✉ 2 Lincoln Memorial Circle NW, Washington, DC 20037
- ☎ (202)426-6841
- ⏰ 24小時
- 💲 免費
- ➡ 地鐵藍、橘、銀線／Foggy Bottom 站／出站西行30分鐘，位於國家廣場 西端，23rd St.西北邊
- ⏱ 1～2小時
- MAP P.15／E3

世界各地紀念林肯總統的出版品

追求種族平等的表率

林肯紀念堂是為紀念美國第16任總統亞伯拉罕‧林肯（Abraham Lincoln）建造的，1922年開放後成為華盛頓地標及重要景點，每年有6百多萬人參觀。它的四方形建築隔著反映池（Reflection Pool）和高聳的華盛頓紀念碑相望，沿國家廣場的軸線，更東接圓形華府地標—國會山莊，這3座形狀各異的雄偉建築，構成華府優美的天際線。

1963年8月28日，25萬人聚集於此，聆聽美國黑人民權領袖馬丁‧路德‧金恩（Martin Luther King, Jr.）的歷史性演講《我有一個夢》（I Have a Dream）。這是美國黑人民權運動的重要里程碑，故林肯紀念堂也被視為追求種族平等的表徵。

紀念堂結構

林肯紀念堂模仿古希臘神廟建築，外部由採集自科羅拉多的大理石構建，正面寬57.8公尺、深36.1公尺、高30公尺。外圍36隻有凹紋的廊柱，代表他逝世時的美國36州。圓形廊柱每隻13公尺高，底座直徑2.3公尺，是建築的外部支撐，每支圓柱都略向內傾斜，以彌補視

林肯坐像

林肯紀念堂全景

紀念堂前腳踏風火輪前來參觀的遊客

覺偏差，這是古希臘建築工藝的特色，避免了建築頂部比下部凸出的感覺，也強化了建築結構。廊柱上簷雕刻36州的名稱及加入聯邦的日期，更上層雕刻了紀念堂落成時美國48州的州名，並用彩帶、棕櫚葉做裝飾。

大堂挑高20公尺，屋頂以阿拉巴馬州大理石建造，地板以粉紅田納西州大理石鋪就，室內以兩列15公尺高的四隻大理石圓柱分成3區，左邊雕刻了他1863年有名的《蓋茲堡演說》（Gettysburg Address），右邊是1865年的《第二次就職演說》（Second Inaugural Address）。中央是5.8公尺高，放大了的林肯坐像，

依照比例，他站起來會是8.5公尺。

解放黑奴，維護聯邦統一

林肯坐像莊嚴肅穆，兩手臂張開放在座椅把手上，一手握拳一手張開，心理學家分析，這種坐姿表示他雖在輕鬆坐著，仍放不開精神的壓力。林肯一生憂國憂民，內戰時領導北軍艱苦的戰勝了南軍，解放了黑奴，維護了聯邦的統一，任務的艱鉅，壓力的重大，不言而喻。

林肯坐像背牆銘刻著「這座殿堂裡永遠奉祀紀念著人民心目中拯救了聯邦的亞伯拉罕·林肯。」（In this temple as in the hearts of the people for whom he saved the union the memory of Abraham Lincoln is enshrined forever.）大堂左側電梯可達地下展廳，展廳解說紀念堂大理石建材的來源，及建築設計資料，也說明林肯總統的一生歷史。

林肯總統贏得內戰後第5天，晚間和家人好友輕鬆欣賞戲劇時，在福特劇院被一位因戰敗而憤怒的南方人刺殺，得年56歲。生命不在長短，在乎生存的意義，他是偉人的典範。

林肯紀念堂前遠眺華盛頓紀念碑

陽光映照下如白玉的廊柱

越戰紀念碑
Vietnam Veterans Memorial
紀念美國參與歷時最久的戰爭園區

弔念花圈

- http nps.gov/vive
- ✉ 5 Henry Bacon Dr. NW, Washington, DC 20002
- ☎ (202)426-6841
- ⏰ 24小時
- 💲 免費
- ➡ 地鐵藍、橘、銀線／Foggy Bottom 站／出站西行15分鐘
- ⏳ 30分鐘
- MAP P.15／E2

鄰近國家廣場，林肯紀念堂前東北方的越戰紀念碑，是華府最令人傷痛的戰爭紀念園區。從1955年到1975年，歷時20餘年的越戰是美國歷史上參與最長的戰爭，5萬8千多位陣亡美軍的姓名以年代為序雕刻於此。

設計出自華裔學生之手

1980年美國國會批准建造越戰紀念碑，以5萬美元作設計比賽獎金，1981年評審員在1,421件參賽設計中，選出耶魯大學建築系21歲的華裔學生林瓔（Maya Lin）的設計。占地兩畝的主體建築在1982年完工。紀念碑以黑色大理石為牆面，V字形充滿著象徵意義的兩面牆，面向南方以125度向兩翼展開，一翼指向華盛頓紀念碑，一翼指向林肯紀念堂。逐漸深入地下的大理石牆上，從1959年的第一位陣亡者開始，以年日為序雕刻著每位陣亡軍人姓名。

兩翼交接處是戰爭最激烈時刻，兩層樓高黝黑發亮的牆面，密密麻麻刻滿姓名。鏡面似的黑色大理石也映照著經過的擁擠訪客，背後的樹叢草坪，及平靜的反映池，生死虛實，如同幻境。

為了方便查詢，紀念碑入口處有兩大本以英文字母編序的陣亡軍人名冊，按字母找到名字後可檢索到銘刻位置，對照牆面行列位置找到名字。白髮老奶奶家人攙扶下，在

詳細記錄每位受難軍人的名冊

逐漸進入地下的紀念碑

最低處兩層樓高的傷痛記憶牆

名冊上仔細搜尋親人，年輕人用鉛筆從紀念碑上拓下名字，肅穆虔誠的心，令人感動。

　　林瓔當初的設計理念是要以地球上的一個開口或傷疤，作為士兵喪失生命嚴肅性的表徵，這個超乎政治之上的非常規、非傳統設計概念受到一些人士反對。妥協的結果是在紀念碑一側，豎立三位參戰士兵在戰場上的銅像，及一面美國國旗。現在的越戰紀念碑區分成紀念碑、三位戰士銅像及越戰婦女塑像等三處。

　　這裡每年有3百萬訪客，是華府重要的戰爭緬懷之地。越戰陣亡軍人的親友，常來此找尋過往記憶。遙遠戰爭硝煙已散，傷痛仍留人

戰地救護的婦女

三名戰士

知識充電站

美國社會對越戰軍人的看法

　　越戰是繼韓戰之後，共產和民主兩股國際勢力的再次較量。殘酷血腥的戰爭曠日費時，師老兵疲，最後美國社會對是否該介入越戰的看法嚴重分歧，越戰退伍軍人在社會上難被肯定。美國戰爭陣亡軍人家屬，通常都會很榮耀地將政府頒發的國旗懸掛在門口，唯有越戰陣亡者家屬，連這面國旗都不能掛出。越戰紀念碑落成後，才改變了這種社會情況。

放置許多追思卡片的中段

間，紀念碑銘記這段戰爭歷史，留給後人思考及反省的空間。

二戰紀念碑
World War II Memorial
記取二戰慘痛教訓

- http nps.gov/nwwm
- 1750 Independence Ave. SW, Washington, DC 20024
- (202)208-3818
- 24小時
- 免費
- 地鐵藍、橘、銀線/Foggy Bottom站/出站西行10分鐘
- 30分鐘
- MAP P.15/F3

二次世界大戰是人類歷史上規模最大、傷亡最慘重的戰爭，這場戰爭不僅是自由民主與專制集權兩大陣營軍事的較量，也給廣大平民帶來深重的傷痛和苦難。美軍在歐亞兩個戰場，參與二戰的人數超過1千6百萬，陣亡失蹤人數40餘萬。

紀念二戰英魂

2004年開放的二戰紀念碑，位於國家廣場中心，緊鄰華盛頓紀念碑，是紀念美國為捍衛自由民主犧牲的軍人，及支援人員而建。紀

英雄紀念碑

念碑占地三萬平方公尺，以一個102.97公尺長、73.20公尺寬的廣場和名為《彩虹池》（Rainbow Pool）的大型噴水池為中心，周邊圍繞著56個5.2公尺高的花崗石廊柱，及兩個高13公尺的小型凱旋門。

56支廊柱每支代表一個美國參與二戰的地區，包括48個州，哥倫比亞特區、阿拉斯加、夏威夷、菲律賓、波多黎各、關島、美屬薩摩亞（American Samoa）和美屬維京群島（U.S. Virgin Islands）。兩個凱旋門的北凱旋門代表「大西洋」戰場，南代表「太平洋」戰場。

24面青銅浮雕與自由之牆

東邊靠近半圓形圍繞廊柱的兩面牆，有24面0.6公尺高、1.5公尺長

代表哥倫比亞特區的花崗石柱

二戰紀念碑全景

表現戰爭場景的青銅浮雕

金星與藍星的涵意

以金星代表陣亡將士是美國習俗，一位美國軍人走上戰場時，他的家人會在窗戶上懸掛一面白底紅邊有一顆「藍星」的旗幟，接到家人為國捐軀通知時，會將旗幟上的「藍星」換成「金星」。

表現戰爭場景的青銅浮雕。面對著太平洋凱旋門方向雕刻的是與太平洋戰場相關的戰事過程，珍珠港事件、兩棲登陸作戰、叢林戰爭、埋葬陣亡者、最後是光榮返鄉。

對著大西洋凱旋門方向是關乎大西洋戰場的戰事，但以歐洲戰場為主：諾曼第登陸、亞爾丁戰役、最後是東西兩戰線在德國易北河會師，美蘇兩國軍人握手場景。這些手工雕刻的浮雕以文獻中照片為藍本，體現戰爭的殘酷及慘烈。

西側以反映池及林肯紀念堂為背景有一堵《自由之牆》（Freedom Wall），牆面4,048顆金星，每個金星代表100位在戰爭中陣亡的美國軍人。

自由之牆下寫道：「這裡我們

自由以生命犧牲為代價

標記的是自由的代價。」（Here we mark the price of freedom.）民主自由和專制集權是世界兩種截然不同的政治制度，彼此都警惕著勿被對方消滅。捍衛民主自由需付出生命的代價，參觀二戰紀念碑，回顧造成人類浩劫的世界大戰，更能領略自由民主的珍貴。

紀念牆上每顆星代表100位陣亡將士

代表參戰各州的廊柱

落日映照的彩虹噴泉

華盛頓紀念碑
Washington Monument

泰西古今人物，以華盛頓稱首

- http nps.gov/wamo
- ✉ 2 15th St. NW, Washington, DC 20024
- 📞 (202)426-6841
- 🕐 每天09:00～17:00
- 休 7月4日、聖誕節
- $ 免費
- ➡ 地鐵藍、橘、銀線／Smithsonian站／出站西行10分鐘
- ⏱ 2小時
- ⁉ 華盛頓紀念碑目前整修關閉，至2019年春才會再開放
- MAP P.16／A3

盛開的櫻花及紀念碑

華府最高建築

華盛頓紀念碑是為了紀念美國開國英雄，第一任總統喬治・華盛頓（George Washington）而立。它位於國家廣場中心，是世界上最高的石結構紀念碑，也是華府最重要地標。它於1848年奠基，後因經費及內戰原因停工多年，最終於1885年建造完成，於1888年10月正式對外開放。紀念碑下方上尖，故又稱「方尖碑」。高46公尺處，可看到碑身上下兩截顏色不同，這是停工後從不同來源取得石材，產生的顏色差異。

華盛頓紀念碑高169多公尺，是華府最高建築，為了體現它的莊嚴神聖，1899年政府規定市內建築不能高過紀念碑頂。既然是首都的最高建築，登至最高處，俯覽D.C.，是參觀華盛頓紀念碑的重點。

取票與參觀

進入紀念碑須憑票，取票方式有二，一是儘早，約07:30，到紀念碑前鄰近15街的服務處排隊領票，08:30開始發票，旅遊旺季時，通常09:00票就發完了。另外可2週前上網或打電話至(877)444-6777預訂，每人每次最多訂6張，每張收$1.5服務費，參觀前可至票亭領票，或加$2.85郵寄送達。

參觀前半小時需到紀念碑前排隊，通過安檢進入內部大電梯，約70秒可達紀念碑頂層的觀景室，它的360度視窗可俯覽整個市區，東面是國會和史密森尼各大博物館建築，北面是白

從二戰紀念碑可以拍到華盛頓紀念碑

Memorial Parks

宮及城中區，西面是二戰紀念碑、林肯紀念堂，南面是傑佛遜紀念堂、潮汐湖等。晴天視野可達30公里遠，河對岸的亞力山卓市、雷根機場、喬治城大學、杜邦圓環等盡收眼底。

觀景室看點

觀景室牆上銘刻著各國名人對華盛頓的紀念文，其中有當時美國駐中國傳教士丁韙良贈送，巡撫徐繼畬撰寫的銘文，文中有「……提三尺劍，開疆萬里，乃不僭位號，不傳子孫，而創爲推舉之法，幾於天下爲公……米利堅合眾國以爲國，幅員萬里，不設王侯之號，不循世及之規，公器付之公論，創古今未有之局，一何奇也！泰西古今人物，能不以華盛頓爲稱首哉！」文言文中國觀點紀念美國領袖，值得一讀。

觀景室下行3公尺是一個介紹紀念碑歷史，展出建築文物的小型博物館。參觀完回到玻璃牆的升降梯，下降約2分鐘，在特定區域放慢速度，可看到鑲嵌在內牆，各國、各州及名人贈送的194種雕刻石材，最特殊的是1982年阿拉斯加州贈送價值數百萬元的純玉石。

韓戰紀念碑
Korean War Veterans Memorial

最慘痛的一役

- http nps.gov/kowa
- ✉ 10 Daniel French Dr. SW, Washington, DC 20002
- ☎ (202)426-6841
- ⏰ 每天24小時
- 💲 免費
- ➡ 地鐵藍、橘、銀線 / Foggy Bottom 站 / 出站西行20分鐘
- ⏳ 30分鐘
- MAP P.15 / E3

戰爭記憶池

戰爭是殘酷的，無法致勝的戰爭更令人絕望。1950～1953年美國捲入的韓戰，是這兩者加乘的痛苦記憶。韓戰是美國和22個聯合國成員國出兵對抗北韓和中國的戰爭。1995年在首都國家廣場東南側落成的韓戰紀念碑，紀念美國54,246位陣亡，103,284位受傷，7,140位被俘，8,177位失蹤的將士。這場戰爭除美國外，聯合國有628,833位陣亡，1,064,453位受傷，92,979位被俘，470,627位失蹤。這些數字說明韓戰戰火的慘烈。

韓戰紀念碑分3個區域，樹林中的圓形水池是「記憶池」(Pool of Remembrance)，環繞池邊雕刻了參戰國名字，及戰爭中陣亡，受傷、失蹤人數。三角形的「戰場實況區」(Field of Service)有19尊真人大小，跋涉在戰場的步兵塑像，戰士的艱苦卓絕和堅毅不拔的表情，栩栩如生。另一處是50公尺長的黑色大理石紀念牆，雕刻著戰場上的救護、空軍、工兵、牧師等支援部隊名稱。站在牆前，鏡面的大理石將你的倒影也加入戰士影像。

每一位戰爭傷亡的軍士，都是一個家庭刻骨銘心的傷痛。立碑紀念，期望戰爭永不再來。

黑色大理石的韓戰紀念牆

自由不是沒有代價的銘刻

戰場上的士兵

一戰紀念亭
D.C. War Memorial

紀念參加一戰的華府軍民

- http nps.gov/nama/planyourvisit/dc-war-memorial.htm
- ✉ 1900 Independence Ave. SW, Washington, DC 20245
- ☎ (202)426-6841
- ⏰ 每天24小時
- 💲 免費
- ➡ 地鐵藍、橘、銀線／Smithsonian站／出站西行15分鐘
- ⏳ 30分鐘～1小時
- MAP P.15 / F3

12隻大理石圓柱支撐圓頂

　　從金恩紀念碑跨過獨立大道，一片種植許多白臘樹的「哀悼樹林」（Ash Woods）裡，坐落著一棟白色大理石圓亭，它是紀念華府參加第一次世界大戰的紀念亭。1914～1918年的第一次世界大戰，美國曾派出2萬6千人參戰，其中有499位華府軍人為國捐軀。

　　這座紀念亭是國家廣場唯一紀念華府本地參戰者的建築，1.2公尺高的圓形音樂台周圍，不論軍階、種族、性別，以英文字母為序，圍繞雕刻著每一位陣亡人員姓名，並以軍徽表示所屬軍種。

　　露天紀念亭有3層樓高（約14公尺），直徑13.4公尺，面積可容納一個軍樂隊。紀念亭以12根6.7公尺高刻有凹槽的大理石圓柱支撐，像一座簡單樸素的歐式花園涼亭，它1931年落成時正逢美國大蕭條年代，物質缺乏，能徵集建造材料實屬不易。

　　它座落在國家廣場旁的角落，年久失修，至2011年重整完成才再度開放，除油漆外，增加人行步道，改善照明系統和景觀設計，讓它成為一個更美麗，更方便，更安全的旅遊園區。

華府一戰紀念亭

哥倫比亞特區徽紀

以軍徽顯示陣亡將士所屬軍種

傑佛遜紀念堂
Jefferson Memorial
緬懷高瞻遠矚的第三任總統

斜陽下的傑佛遜紀念堂

- http nps.gov/thje
- ✉ 16 East Basin Drive, SW
  Washington, DC 200024
- ☎ (202)426-6841
- ⊙ 每天24小時
- 💲 免費
- ➡ 地鐵藍、橘、銀線／Smithsonian站／
  出站西行20分鐘
- ⏳ 1小時
- MAP P.16／A4

美國開國元勳之一的湯瑪斯‧傑佛遜（Thomas Jefferson）是美國獨立宣言起草人之一，擔任過第一任總統喬治‧華盛頓的國務卿，第二任總統約翰‧亞當斯（John Adams）的副總統，最後成為美國第三任總統。他高瞻遠矚，胸襟開闊，對美國開國精神和理想的建立有不可磨滅的貢獻。風景秀麗的潮汐湖畔和林肯紀念堂遙遙並立的圓形白色大理石建築，就是為了紀念這位偉人而建。

紀念堂建造緣起於第32屆總統富蘭克林‧羅斯福（Franklin Roosevelt）於1934年的建議，工程幾經波折，至1943年傑佛遜誕辰200週年方完工，當時雕像部分尚未完成，1947年銅鑄雕像才正式安裝。

紀念堂建築介紹

這座高30公尺莊嚴典雅的羅馬萬神殿式紀念堂，周邊圍繞著54根愛奧尼柱式（Ionic order）花崗石廊柱。愛奧尼柱式廊柱是希臘古典建築的經典，象徵知識和文明，是傑佛遜總統最喜愛的建築結構，柱身有24條凹槽，柱頭有一對向下的渦卷裝飾，柱高13公尺，重45噸。建築形式細膩文雅，有溫柔的親和力，與傑佛遜總統的品德及人格特質相襯。

潮汐湖畔廣場沿寬廣的大理石台

圍繞大堂的圓柱

潮汐湖畔的傑佛遜紀念堂

階上行，仰之彌高的紀念堂正面是8支石柱支持的門廊，門眉以大理石浮雕爲裝飾。大堂中央聳立著高6公尺，重4,336公斤的傑佛遜總統立像。

不朽的貢獻

傑佛遜博覽群書，多才多藝，能7種語言。不只羅斯福總統崇拜他，美國第35任總統約翰·甘迺迪(John F. Kennedy)也曾讚譽他是歷任美國總統中最有才能，知識最豐富，智慧最高的人。他除參與撰寫美國獨立宣言外，另一件有名的事是1814年英軍進入華盛頓D.C.，焚燬國會圖書館所有藏書後，他將6,487冊私人藏書賣給國會，延續了國會圖書館的運作。他說美國的圖書館是世界的圖書館，歡迎全世界使用，才致使圖書館對世界開放。

古人稱立德、立功、立言爲三不朽。立德是樹立品德，立功是建立功績，立言是樹立言論。從這三者的內涵審視，傑佛遜總統不只是美國，也是世界的偉人。

仰之彌高的偉人聖殿

傑佛遜總統名言

傑佛遜總統雕像身後的石牆以及環繞圓頂的四周，雕刻了摘錄他於1776年獨立宣言中的名句「……人生而平等，造物主賦予他們不可剝奪的權利，包括生命，自由，和追求幸福的權利……」(...... all men are created equal, that they are endowed their Creator with certain inalienable rights, among these are life, liberty, and the pursuit of happiness......)。

其他廣爲人知的名言如「我已在上帝聖殿前發誓，永遠反對違背人性的任何暴政。」(I have sworn upon the altar of God eternal hostility against every form of tyranny over the mind of man.)這些普世價值的理念，在當時是超越社會思想的，將英文背下來，可作爲旅遊的附加收穫。

羅斯福紀念園區
Franklin Delano Roosevelt Memorial

紀念帶領美國走出大蕭條與二戰的總統

- http nps.gov/frde
- ✉ 400 West Basin Dr. SW, Washington, DC 20002
- © 每天24小時
- $ 免費
- ➡ 地鐵藍、橘、銀線/Smithsonian站/出站西行20分鐘
- ⧖ 1小時
- MAP P.15 / F4

羅斯福總統和第一名狗Fala雕像

潮汐湖畔，1997年開放的羅斯福紀念園區是爲紀念美國第32任總統富蘭克林‧羅斯福（美國人稱他爲FDR，中文有小羅斯福之稱）而建。美國憲法規定總統任期一屆4年，最多連任2屆，但因逢美國經濟大蕭條及第二次世界大戰，羅斯福從1933～1945年出任4屆總統，在位長達12年。

紀念園區占地約7.5英畝，它的4個區域代表羅斯福的4屆總統任期。園區有許多雕塑品，羅斯福雕像旁邊陪伴著第一名狗Fala，另有一排領取救濟品民眾的雕塑，表現大蕭條時社會的悲慘。一處是民眾坐在椅子上聆聽羅斯福激勵人心的收音機廣播「爐邊談話」（Fireside Chats）雕塑。

園區內有5處瀑布及水池，涵義各不相同，單獨落下的大水柱代表經濟的崩潰及大蕭條，多層墜落的瀑布代表田納西河谷的水壩建築計畫，此計畫將長年水患的田納西河流域，變成富裕之地；不同角度墜下的瀑布代表第二次世界大戰的混亂，一個靜止的水池弔念羅斯福的逝世，寬廣排列的大小瀑布表現了對羅斯福總統的懷念。

羅斯福紀念園區一面牆上雕刻了他提出的四大自由：言論自由、信仰自由、免於匱乏的自由、免於恐懼的自由。這些至今仍是許多國家追求中的目標。

羅斯福總統紀念園區北入口

排隊領取救濟品民眾的雕塑

雕刻戰爭年代日常生活的石柱

馬丁‧路德‧金恩紀念碑
Martin Luther King, Jr. Memorial

懷抱夢想與希望

- 🌐 nps.gov/mlkm
- ✉ 1850 West Basin Dr. SW, Washington, DC 20024
- 🕐 每天24小時
- 💲 免費
- ➡ 地鐵藍、橘、銀線／Smithsonian站／出站沿Independence Ave. NW西行15分鐘
- ⏱ 30分鐘
- 🗺 P.15／F3

園區兩翼的金恩語錄

潮汐湖畔的馬丁‧路德‧金恩紀念碑是為紀念美國黑人民權領袖金恩博士建立。2011年開放的紀念碑，以一塊中間切開的巨大岩石為大門，他的肖像雕刻在9公尺高、從巨岩中間切割出來的一塊「希望之石」（Stone of Hope）紀念碑上，碑側刻了他著名演講《我有一個夢》（I Have a Dream）中的名句：「一塊希望之石，從絕望山中出現。」（Out of the mountain of despair, a stone of hope.）

美國是一個移民國家，幾乎包容世界上各個民族，但做為組成種族之一的黑人卻是美國歷史的灰暗部分。1860年黑奴總數高達3,953,760人，約占美國人口的20%，雖然1865年美國南北戰爭後解放了黑奴，但黑人在社會仍廣受歧視。

時勢造英雄，波士頓大學畢業的金恩博士領導了黑人民權運動，他效法印度聖雄甘地的不合作主義，1963年發起向華盛頓首府和平進軍運動，8月28日超過25萬人聚集在林肯紀念堂前，聆聽他《我有一個夢》演說。1964年他獲得諾貝爾和平獎，1968年被刺身亡，他的犧牲導致國會於1968年通過了《民權法案》，不只是黑人，所有少數民族都受益於此法案。

羅斯福紀念園區、馬丁‧路德‧金恩紀念碑

從絕望山切出的希望之石

大門由一塊切成兩半的巨岩構成

組隊參觀的小學生團

市區其他熱門景點

Other Hot Spots in Downtown D.C.

聯合車站是華府的交通樞紐，也是世界知名的歷史建築，它的外型設計厚重樸實，有百年立基的莊嚴。紀念美國最年輕總統的甘迺迪中心是國家大劇院，也是首都的表演藝術中心，它有世界最優秀的音樂、舞蹈、及大型芭蕾舞劇。西北部的喬治城區，古樸典雅，可在風景如畫的河濱公園享受一段悠閒時光。

福特劇場是林肯總統被刺殺之處，值得一看。杜邦圓環是為紀念美國海軍少將山繆‧法朗西斯‧杜邦（Samuel Francis Du Pont）命名。國家動物園除熊貓之外，也有大象、老虎、斑馬、野牛等野生動物，適合全家旅遊。距動物園幾步之遙的海軍天文台，是美國海洋科學、衛星系統及氣象的重要機構。

杜邦圓環
DuPont Circle
充滿老建築的大使館區

杜邦圓環是交通要道

➡️ 地鐵紅線／DuPont Circle站／出站即達
⏳ 1小時
🗺️ P.11／F4

周邊特色

杜邦圓環在D.C.國家廣場北邊約3公里，是首都的大使館區，也是華府的國際文化中心。全世界180多個國家各種建築特色的大使館，一半以上設在杜邦圓環方圓5公里內。每年5月的大使館節，每個對外開放的大使館前都大排長龍，D.C.住民希望藉此機會欣賞各大使館內的奧祕。

除大使館外，杜邦圓環有古老的農夫市集、歷史悠久的書店、美味的生蠔餐廳、具各國風味的酒吧、夜店、專題博物館等，吸引著眾多的D.C.遊客。

杜邦圓環城區占地約170英畝，

以交通樞紐的杜邦圓環為中心，北到Florida Ave. NW及U St.、東至16th St.的歷史區、南邊是Rhode Island Ave. NW和M St.、西邊是22nd St.和Connecticut Ave. NW、Massachusetts Ave. NW、New Hampshire Ave. NW、19th St.和P St.貫穿其中。大使館主要集中在圓環到海軍觀測站之間的Massachusetts Ave.兩側。

杜邦圓環的許多大使館都是歷史古蹟建築，如主導開鑿巴拿馬運河的湯瑪士・蓋夫（Thomas T. Gaff House）的住宅，現在是哥倫比亞大使官邸。2020 Massachusetts Ave.，50個房間的豪宅，原華盛頓郵報業主華萊士・麥克林住家（Walsh-McLean House），目前是印尼大使

晴空下的杜邦圓環噴泉水池

圓環的長椅

夜幕低垂下的圓環

杜邦圓環休息的單車客

館。Massachusetts Ave.東邊的克拉倫斯·摩爾之家（Clarence Moore House），是烏茲別克斯坦共和國大使館。艾米莉·威爾金斯之家（Emily J. Wilkins House），曾是澳大利亞大使館，現為祕魯大使館。伊拉克領事館則設在P St.的威廉·柏德曼之家（William J. Boardman House）。這些歷史建築外型各具特色，值得仔細欣賞。

週日農夫市集尋找新鮮貨

除大使館區外，杜邦圓環的Connecticut Ave.和Massachusetts Ave.之間、有一處1997年設立的農夫市集，每週日11:00～13:00，40多家攤販在此銷售自家生產的有機農產品、肉類、烘焙食品、奶酪、鮮花等，也常舉辦烹飪及食品料理活動。

喜愛海鮮的老饕，可走路7分鐘到圓環西邊1624 Q St.的漢克生蠔酒吧（Hank's Oyster Bar），品嘗多汁的生蠔、香脆的烤蝦、蟹肉糕或鮭魚。

帶上三明治和飲料偷閒半日，坐在杜邦圓環看雕塑家丹尼爾·切斯

知識充電站

圓環命名的由來

杜邦圓環不是以杜邦化工公司的杜邦（Eleuthére Irénée du Pont，縮寫E.I. du Pont)命名，而是以美國海軍少將山繆·法朗西斯·杜邦(Samuel Francis Du Pont)為名。他統領的軍艦在美墨戰爭中擊敗墨西哥，在內戰中為勝利立過汗馬功勞，也為美國規畫建立了新海軍。1884年國會為感念他的豐功偉績，將原名為「太平洋圓環」(Pacific Circle)的地區命名為杜邦圓環，並於該處豎立他的青銅雕像。1920年他的雕像被遷移，改建成一個圓形噴水池。

特·法蘭西（Daniel Chester French）設計的噴泉，順便欣賞噴泉支柱上的精美雕刻，運氣好可看到藝術家或音樂家的表演。杜邦圓環區古城區，處處看到古色古香的建築，令人流連忘返。

喬治城
Georgetown
華府最古老的大學城

■ ➡ 地鐵橘、藍線／Foggy Bottom站／出站沿23 rd St.往北至第一個交通圓環，左轉沿Pennsylvania Ave.往西北方向前進，經過Rock Creek Bridge至M St.，全程約20分鐘
⌛ 4小時
MAP P.10／C5

喬治城河濱公園一景

曾為歐洲與北美重要商港

1751年於華府西北部成立的喬治城市，範圍包括岩溪公園（Rock Creek Park）、波多馬克河（Potomac River）和喬治城大學（Georgetown University），面積約750英畝，是一個歷史悠久的商業區，和適合下班喝杯小酒、欣賞現場演奏的休閒娛樂區。該市成立初期屬馬里蘭州，1871年國會通過法令將它與華盛頓市合併，成立一個新的首都城市「哥倫比亞特區」。

當時波多馬克河畔的喬治城，是大西洋遠洋船隻往上游可達的最遠點，是歐洲與北美之間的重要通商口岸。1745年，喬治・戈登（George Gordon）在此建了一所煙草檢驗所，周圍是煙草倉庫、碼頭和其他建築物，不久它就發展成一個從事貿易及貨物運輸的繁忙港口。1751年，馬里蘭州以280英鎊代價向戈登及喬治・貝歐（George Beall）買下60英畝的土地，有人認為此城因此得名。當時是英國喬治二世統治時期，因此也另有一說是以英皇命名。

喬治城大學

喬治城西邊，創立於1789年，占地102英畝的喬治城大學是來喬治城必遊之處。校園在綠地、噴泉、花叢之間，許多18世紀哥德式（Gothic）老建築歷經幾百年依然保存完好。正門處建於1879年的霍利

喬治城街景

喬治城街頭的人潮

喬治城區內的老建築

喬治城河濱公園的冬日溜冰場

感恩教堂(Grace Church)正門

大樓(Healy Hall)，是典型的弗拉芒羅馬式(Flemish Romanesque)建築，也是喬治城校園的建築瑰寶和歷史地標。可欣賞建築之美，或入內感受其莊嚴肅穆，都賞心悅目。

古色古香的18世紀建築

喬治城的古建築及商業區集中在M St.兩側。1765年德國移民建造的老石屋(Old Stone House)，是D.C.最古老建築。距離老石屋西南兩個街口，K St.和31st St.交叉處，是1783年約翰‧蘇特(John Suter)建造的蘇特酒館(Suter's Tavern)，是華盛頓總統及華府政客常去的地方。書山公園(Book Hill Park)可俯覽喬治城市區及波多馬克河的壯麗景色，相對於喬治城的喧囂，這裡是個寧靜平和的角落。願景路(Prospect St.)上的驅魔師梯階(Exorcist Steps)，陡直向上，傾斜的角度望之生畏，是景點之一。

喬治城河濱公園(Georgetown Waterfront Park)原是造船廠和工業廠房，現在是景色優美的公園，夏天有音樂演奏，冬天有室外溜冰場，台灣駐美辦事處每年端午節在此舉辦龍舟競賽。河濱公園往西是連接喬治城及維州柔斯林(Rosslyn)的大橋，人工運河沿河而建，兩旁步道綠蔭遮天，是慢跑和散步的好地方。

M St.兩旁是喬治城的精華區。1950年通過的《老喬治城808公眾法》(Old Georgetown Public Law 808)，規定區內任何建築的拆除、改建、施工，都需通過美國美術委員會的審核，所以M St.兩側建築都保持18世紀古色古香的原樣。沿街有精品店、餐廳、酒店、畫廊、家具店等。33rd St.轉角處，是華府有名的杯子蛋糕店(Georgetown Cupcake)，不可錯過。

喬治城是遊客及當地居民都喜愛的城市，漫步其中享受其精緻和典雅，是D.C.旅遊樂事。

喬治城有名的杯子蛋糕店

甘迺迪中心
The Kennedy Center
世界級表演藝術聖殿

- http kennedy-center.org
- ✉ 2700 F St. NW, Washington, DC 20566
- ☎ (202)467-4600
- ⏰ 售票亭：週一～六10:00～21:00，週日及假日12:00～21:00
- 💲 參觀中心建築及千禧舞台表演免費
- ➡ 地鐵藍、橘線／Foggy Bottom-GWU站／出站搭免費Shutter Bus可達
- ⧗ 1～2小時，視表演而異
- MAP P.15／D1

懸掛各國國旗的國家大廳

1971年開放使用的甘迺迪中心全名是「約翰・甘迺迪表演藝術中心」（The John F. Kennedy Center for the Performing Arts）。這座以美國第35任總統命名的中心占地17英畝，是美國首都在音樂、舞蹈、及戲劇等表演藝術的聖殿，它讓首都除身為國家政治中心之外，也成為國家文化藝術的中心。它也是國際表演藝術舞台，邀請過蘇俄莫斯科大劇院（Bolshoi Opera）、古巴國家芭蕾舞團（Ballet Nacional de Cuba）、及義大利斯卡拉歌劇院（Italy's legendary La Scala Opera）的演出。

建築內外巡禮

甘迺迪中心建築長190公尺、寬91公尺、高30公尺。大廳長190公尺、高19公尺，屋頂吊掛16個豪華水晶吊燈，陪襯地面紅地毯，豔麗又豪華。國家大廳（Hall of Nations）和州大廳（Hall of States）長76公尺、高19公尺，地面也是紅地毯，牆面上部懸掛著世界各國國旗及美

大廳前的甘迺迪頭像

每天都有免費表演的千禧大舞台

甘迺迪中心外觀

甘迺迪中心

國各州旗幟，牆上張貼著歷年表演的精美海報。走廊靠近大廳是3層樓高的落地玻璃窗，裝飾著類似中國剪紙藝術的紅色圖案，內部整體喜氣洋洋的感覺。頂樓四周環繞著寬大的露台，東面遠眺國會山莊、西面俯覽寬闊的波多馬克河、南面可見林肯紀念堂、北面是有名的水門大廈，登高望遠，四面走一圈，心曠神怡。

6座劇院與千禧舞台

位居建築中央的是2,300個座位的大劇院（Opera House），交響樂團、芭蕾舞劇、古典及現代的歌舞劇等大型節目都在此演出。北側是紀念第34任總統、有1,100個座位的艾森豪劇院（Eisenhower Theater），一旁還有320個座位，演出適合全家觀賞的家庭劇院（Family Theater）。南側是2,400個座位的音樂演奏廳（Concert Hall），它也是美國國家交響樂團的駐地。頂層中央是250個座位的實驗劇場（Theater Lab）。北側是日本捐贈，有500個座位的頂樓劇院（Terrace Theater），是室內樂、爵士樂演藝、詩歌朗誦等的演出場所。

甘迺迪中心致力於提供大眾都能負擔的表演藝術，以提升人民的文化素養。千禧舞台（Millennium Stage）在大廳的左右兩側，全年每天18:00～19:00都有一小時的免費演出，應邀演出的都是知名的演員團體，演出內容包含室內樂、脫口秀、戲劇、爵士、民俗舞蹈等，雖然是免費演出，但仍然是國家級的水準。

各表演廳的海報集成

聯合車站
Union Station
D.C.交通運輸中心

http www.amtrak.com
✉ 50 Massachusetts Ave. NE,
Washington, DC 20002
☎ (800)872-7245
🕐 每天24小時
➡ 地鐵紅線／Union Station站／出站即達
⏱ 1～2小時
MAP P.17／E1

車站前複製的費城自由鐘

1907年開始營運的聯合車站是首都的交通運輸中心、購物中心、也是有名的歷史建築。聯合車站是美鐵（Amtrak）的營運總部，Amtrak是America和Trak兩個字的合併，是美國鐵路運輸最重要的公司。聯合車站距國會山莊不到1.5公里，它將原來各自營運，各自設站的鐵路、公路匯整於一處。包括美鐵、馬州、維州通勤鐵路、首都紅線地鐵、灰狗巴士（Greyhound Bus）、Mega Bus、彼得潘巴士（Peter Pan Bus）等長短程客運公司都在此設站，每年有4千多萬名鐵、公路旅客，以及到首都的遊客從這裡進出。

聯合車站前面是哥倫布圓環（Columbus Circle），有哥倫布紀念碑，及複製的費城自由鐘（Liberty Bell），遠方綠蔭處可看到國會山莊的圓頂。聯合車站正門高大，上方站立著6位與「鐵路發展」相關的代表人物雕像，他們是代表火的普羅米修斯（Prometheus），代表電力的泰勒斯（Thales），代表自由和正義的特彌斯（Themis），代表想像力和靈感的阿波羅（Apollo），代表農業的西瑞斯（Ceres），和代表力學的阿基米德（Archimedes）。

大門是上半部鑲嵌彩色玻璃的古典康士坦丁式拱門（Arch of Constantine）。進門大廳長36.6公尺，寬36.3

上半部鑲嵌彩色玻璃的大門

聯合車站壯觀的正門

聯合車站前哥倫布圓環的紀念碑

大廳的內門

公尺，高大的拱形屋頂距地面29公尺，使用建材包括大理石、金箔和白色花崗石等，它為容納眾多旅客而設計，空間寬廣氣派。大廳四周半高處的露台，站立形態各異的36位羅馬軍團戰士雕像，這些雕像本為裸體，怕引眾議而加上目前看到的盾牌。東大廳和鄰接的哥倫布俱樂部的牆壁和屋頂以龐貝風格（Pompeii Style）的彩色水果、神獸、魚類和幾何圖案為裝飾。

大廳後分3層，電梯下去是餐飲區，四周的餐館提供各國風味簡餐，寬廣的中堂是用餐處。2樓中央是美鐵售票處，兩側是商店。3樓是容納名牌精品店的購物走廊。

建築後方是上下兩層的美鐵月台，上層是7～20號月台，停靠MARC通勤火車，及從北方到達或開往北方的美鐵火車。下層是22～29號月台，提供VRE南向火車、美鐵的長途火車、及從東北方往南維州的美鐵旅客上下站。聯合車站靠東邊1st St.處是地鐵Metro紅線入口，接上首都的運輸大動脈，到市區任何地方都在40分鐘車程之內。聯合車站可轉乘Mega Bus、Greyhound Bus等長途巴士，往北到費城、紐約、波士頓或往南到瑞奇蒙、亞特蘭大、奧蘭多等地。

聯合車站建築宏偉氣派，想欣賞建築之美，體會首都的交通運輸，或享受購物之樂，可來此一遊。跨過1st St.可參觀美國郵政博物館。

寬廣的大廳

美食廣場的各國餐館

3樓的購物商場

福特劇院
Ford Theater
演出歷史悲劇的劇場

整修過的林肯劇院外觀

- http fords.org
- ✉ 511 10th St. NW, Washington, DC 20004
- ☏ (202)347-4833
- ⏱ 每天09:00～16:30
- $ $3
- ➡ 地鐵綠、紅、黃線／Chinatown站／出站西行4分鐘
- ⏳ 2小時
- MAP P.16／B1

1865年4月14日福特劇院2樓包廂的一聲槍響，讓福特劇院永遠寫入歷史。林肯總統率領北軍贏得內戰不到一週，難得輕鬆地和家人好友在這裡欣賞戲劇，卻被因戰敗而憤怒的一位南方人刺殺，福特劇院成為歷史悲劇的演出地。

10th St.的福特劇院被保存並恢復到1865年的外觀，連同對街林肯總統逝世的彼得森之家（Petersen House），分成「博物館」、「劇院」、「彼得森之家」及「後續展覽」等4部分對公眾開放，讓遊客瞭解這段歷史。

入門是劇院下方的博物館，為了古建築的保存，這裡略顯陰涼黑暗。一段影片回顧林肯總統的一生，和被刺殺後的喪禮過程。櫥櫃展出林肯總統使用過的日用品，兇手約翰‧威爾克斯‧布斯（John Wilkes Booth）刺殺總統的手槍及他當時穿的靴子。

參觀劇場後到對街的彼得森之家，幾間陰暗的房間是林肯總統逝世，及其夫人等待的地方。經過臥室搭電梯到「後續」（Aftermath）展廳，這裡回顧了林肯總統的一生。最終載送林肯遺體的喪車，從D.C.回到他的故鄉伊利諾州春田鎮

林肯總統去世的房間

林肯劇院仍在運作中

早期的林肯劇院

（Springfield, Illinois），一路上，大批群眾聚集在每個火車停靠站，哀悼追念他們敬愛的總統。

展覽結束處是以出版的林肯總統書籍堆成的10.36公尺書塔，見證他一生艱苦卓絕為國家的無私奉獻，深獲後人的肯定。

禮品店陳列的林肯書籍

入門購票大廳

market其他熱門景點

福特劇院

旅行小抄

林肯總統遇刺經過

博物館樓上是福特劇院，樓梯牆上詳細說明凶手布斯和林肯在當天事件中的位置。林肯總統當晚觀賞的是名為《我們的美國表弟》(Our American Cousin)的喜劇，身為職業演員的26歲兇手布斯，對劇場內配置瞭若指掌。

晚上10點15分喜劇演到最後一幕，總統和夫人及客人亨利·瑞斯伯恩(Henry Rathbone)少校和他的未婚妻及所有觀眾，都對舞台上演員哈里·霍克(Harry Hawk)的幽默台詞哄堂大笑，布斯潛行至包廂外。當哈里站在舞台上接受觀眾如雷掌聲時，槍聲響起！最受美國人愛戴的林肯總統，在妻子的驚叫聲中倒在血泊裡。兇手從包廂跳到4公尺下的舞台，高喊「他是暴君，為南方復仇」。觀眾錯愕中兇手拖著跳下時摔傷的腿，逃進後門的巷子，跨上接應的馬匹逃走。

林肯被抬出劇院安置到對街的彼得森之家(Petersen House)，林肯床邊的醫生，每小時通報一次狀況，4月15日上午7點22分，總統逝世。

兇手何以能進入劇院？總統的安全人員何以沒擋住他?這是單獨事件，還是經過慎密規畫的陰謀？有哪些人介入此事？福特劇院是否牽連在內？留下一連串的問號。

福特劇院

國家動物園
National Zoo
要認識也要保護動物

國家動物園正門入口

🌐 nationalzoo.si.edu
✉ 3001 Connecticut Ave. NW, Washington, DC 20008
☎ (202) 633-2922
🕐 園區：每天08:00～17:00，夏季至19:00。展示大樓：每天09:00～16:00，夏季至18:00
❌ 聖誕節
💲 免費
➡ 地鐵紅線／Woodley Park-Zoo站／出站沿Connecticut Ave.北行10分鐘
⏳ 2～4小時
🗺 P.11／E1

1889年成立的國家動物園是史密森尼學會的一部分，它有兩處園區，一處於華府的岩溪公園，占地163英畝，展出300多物種，1,800多隻動物，其中五分之一是瀕危物種。另一處於維吉尼亞州的Front Royal County，占地3,200英畝，是動物保育和研究中心。華府的動物園展出各種動物，但維州的保育中心不對外開放，它除為華府動物園的動物提供生活所需之外，也負責研究及保護瀕危動物，是第一個從事物種生存科研計畫的園區，繁殖瀕危動物，希望延續牠們的生存。

進入園區右側是亞洲步道，左邊是訪客中心，門口有地圖，可先計畫參觀路線。前行右邊是斑馬區、左邊是一母三公的獵豹區（Cheetah）；維州的動物保護區則育有10餘隻獵豹。欣賞矯捷漫步的獵豹後，前行右轉左側是美洲野牛區（Bison），直行是鎮館之寶的大熊貓（Giant Panda）保育區。

越過大熊貓區是室內大象館，後方是戶外大象區，天氣好運氣好時，在戶外可看到4隻亞洲象同時出現，亞洲象在室內有吊掛的橡膠輪胎玩具，也有大刷子可以搓身體，展櫃左邊玻璃圓柱內裝穀類、

吃草中的斑馬

悠閒漫步的大象

模仿自然生態的鳥類展館

園區地圖及說明

草類等大象食物，右邊是排球大小的大象「米田共」，一邊英文寫In，一邊寫Out，簡單明瞭，非常幽默。

前行右側是蒙古馬區（Mongolia Horses）、小形哺乳動物區、爬行動物區和獅子老虎山丘。左轉可看到大食蟻獸（Giant Anteater）及安地斯山熊館（Andes Mountain Bears）。最後方是亞馬遜地區熱帶雨林動物，越過草地另一邊是大人小孩可以和動物親密接觸的兒童農場。其他有大猩猩、狐狸、駱駝、長頸鹿、鳥類、爬蟲類等，都值得一看。

國家動物園適合全家一同前往，可認識各種奇怪的動物及瞭解牠們的生活習性，開了眼界也增長了對動物的知識。

旅行小抄

中國大熊貓在美國異鄉的家園

1972年中國第一次贈送給美國的兩隻大熊貓「玲玲」和「興興」住進這裡，當時引起全國轟動，一個月內吸引了110多萬觀眾。

2000年12月大熊貓添添和美香夫妻加入，2005年美香生了小熊貓泰山。根據合約，小熊貓長到4歲時要送回四川的熊貓自然保護區，2010年泰山返回四川，2013年美香又生了雌性小熊貓寶寶，2015年又生了雄性小熊貓貝貝，熊貓家族「熊丁」日益興旺。

成年大熊貓食量驚人，每天要吃17～20公斤竹葉或竹竿，夏天是45～50公斤竹筍，維州的培育中心種有36種不同品種的竹林，專門為牠們提供食物。

大熊貓坐鎮的動物園夜間活動

大熊貓咖啡館入口

大象米田共標本

美國海軍天文台
United States Navy Observatory

制定美國及GPS衛星系統時間標準的天文台

- http usno.navy.mil
- ✉ 3450 Massachusetts Ave. NW, Washington, DC 20392
- ☎ (202)762-1467
- ⏰ 軍事要地，平日不對外開放，只有每週一～19:30～22:30有對外開放的導覽團，可在2～4週前至網站申請
- 💲 免費
- ➡ 地鐵紅線／Dupond Circle站／出站，北側搭乘N2, N4, N6地鐵巴士可達
- 📷 視預約時間而定
- MAP P.10／B2

成立於1830年，距杜邦圓環西北方不到2.5公里的華府美國海軍天文台，是美國最古老的海軍科學研究機構。最初它是儲存航海圖表和儀器的倉庫，也是美國海軍計時器和導航設備的研發中心。1984年因需要更精準時間及訂定時間標準，它的任務擴大，包含對航海、航空、太空等軍方與民間用戶，提供時間標準的服務。

1760年代，英國的約翰・哈里森（John Harrison）發明了H4航海鐘，解決了船舶定位的經度問題（緯度以六分儀定位），茫茫大海中的船隻從此可準確知道所處位置，使遠距離航海產生革命性改變，H4航海鐘的時間誤差是每天0.3秒。1995年美國太空中心宣布「GPS全球衛星定位系統」啟用，GPS的24顆衛星使用的原子鐘，時間精準度約每140萬年差1秒。隨著科技的進步，越來越多的通信系統需要精準的時間做系統同步，海軍天文台的職責之一，即在維護國防部內各種用途所需的準確時間。

美國海軍天文台正門

海軍天文台門前的軍艦船錨

海軍天文台還有一個職責是為軍方提供全球的海象資訊，包括：洋流動態、海底地理、海象資料等。它與夏威夷的「聯合颱風警報中心」(Joint Typhoon Warning Center)合作，將颱風分級並發布颱風的即時動態。颱風依風速可分4級：每小時風速小於63公里的熱帶氣旋是「熱帶低氣壓」，117公里以下者稱「熱帶風暴」，介於118.5～239公里之間的是「颱風」，超過240.7公里則為「超級颱風」。

精準時間的功用

美國海軍天文台有兩處「主時鐘設備」(Master Clock)，華府有57個高性能銫原子鐘，24個氫激光時鐘，和4個銣原子鐘。備份的主要標準時鐘在科羅拉多州的Schriever空軍基地，該處有12個銫原子鐘和3個氫激光時鐘。這些精準時間，提供給以下系統使用：

1. GPS衛星系統：海軍天文台監控GPS太空系統中每顆定位衛星的位置，並校正其原子鐘時間，及GPS授時服務的時間。

2. 電腦顯示時間：海軍天文台提供各種以網路為基礎的同步服務，包括嵌入式網路時鐘，及其他網頁上的時間顯示。

3. 電話系統時間：海軍天文台提供電話語音報時服務，及電話系統調節解調器的系統同步服務。

4. 網路時間協定(Network Time Protocol)電腦網路客戶端的電腦，與海軍天文台時間的同步服務。

美國及GPS衛星系統的時間標準

國家天主教堂
Washington National Cathedral
金恩博士與雷根總統追思禮拜之地

天主教堂區內路標

http www.nationalcathedral.org

✉ 3101 Wisconsin Ave. NW, Washington, DC 20016

☎ (202)537-6200

🕐 週一～五10:00～17:30，週六10:00～16:00，週日08:00～16:00

💲 成人(17歲以上)$12，5～17歲與教師$8，長者與學生$8，兒童(5歲以下)免費

➡ 地鐵紅線／Tenleytown-AU站／Wisconsin St.西出口，南行半小時

⏳ 1～2小時

MAP P.10／B1

1990年完成的國家天主教堂，正式名稱為「聖彼得和聖保羅天主教堂」(Cathedral Church of St. Peter and St. Paul)，屬聖公會華盛頓教區主教堂。它位居世界第六大天主教堂，也是美國第二大(僅次於紐約市的聖約翰天主教堂Cathedral of St. John)，是首都婚喪喜慶及舉辦宗教活動的場所，也是地標建築。

教堂為新哥德式建築，具有尖拱門、飛簷、大理石穹頂、牆面雕刻、怪獸、滴水嘴、彩色玻璃窗等。遠望過去，外觀是高聳的多座尖頂，最高處92公尺，加上所在地聖奧爾本斯山(Mt. St. Albans)的高度，成為全市最高點。

這裡占地57英畝，建築面積8萬3千多平方英尺。有3座形狀相似的方形高塔，兩座在進門處西面，一座在後方。跨進大門是4層樓高、狹窄長方形的主禮拜堂，經過中間通道和兩側座椅，正前方就是主事聖壇。有兩百多扇彩繪玻璃窗，光線從兩側灑落，其中最有紀念意義的是中心鑲嵌一塊月球石的「太空玻璃窗」(Space Window)，它是阿波羅11號(Apollo 11)從月球帶回，於1974年捐獻給天主教堂的禮物。

宗教帶給人類心靈慰藉，平撫人類對死亡的恐懼。天主教堂在二戰期間多次為美軍將士舉辦祈禱儀式，2001年也舉行過悼念911恐怖

國家天主教堂起建於1907年

國家天主教堂有兩百多扇的彩色樓窗

襲擊遇難者的祈禱儀式。多位美國總統在此舉行葬禮，包括第34屆的艾森豪總統、38屆的福特總統、40屆的雷根總統等。黑人民權運動領袖馬丁·路得·金恩，在1968年遇刺前幾天曾在此主持週日宣道，命運弄人，同一週的幾天後天主教堂為他作追思禮拜。

天主教堂的十字架碑

屋簷的獸首排水口

教堂會餐廳堂

知識充電站

主教堂管風琴

主禮拜堂空間寬廣，它有D.C.最大的管風琴，能被彈奏出宗教儀式中莊嚴肅穆的樂音。1938年的管風琴只有4,800根風管，經1960、1970年代擴充，目前有10,650根風管。早期

正門兩側廊柱的聖徒雕像

國家天主教堂的超大型風琴管

管風琴安裝在大堂東側，因西邊入口處音效不佳，擴建時在西邊也安裝了風管，並有控制設備，使東西兩側風管能同步發聲。

晚禱時合唱團配合管風琴伴奏的聖樂演唱，是天籟也是音樂的享受。禮拜後管風琴的獨奏最為精采，擺脫伴奏的角色，成為主角，發揮大音量全音域的震撼效果，會聽到命運之神一聲比一聲沉重的敲門聲，或神對人類墮落的憤怒咆哮，或彌賽亞的深沉安祥。

不論是不是天主教徒，都可到國家天主教堂參觀或做場禮拜，體會宗教的寧靜與祥和，還可聆聽優美的聖樂，洗滌心靈，淨化精神。

華盛頓D.C.
近郊順遊

歐趨
Old Town

羅曼蒂克的歐風小鎮

http facebook.com/AlexandriaVisitor Center
✉ 221 King Street, Alexandria, VA 22314
☎ (703)746-3301
⏰ 每天24小時
$ 免費
➡ 地鐵藍、黃線／King Street站／出站後搭乘免費觀光車Trolley(11:30～22:15，15分鐘一班)至Alexandria City Hall站下車
⏱ 2～4小時

歐趨市政廳

卓市歷史古蹟。

歐趨在維州歷山卓市波多馬克河西岸。D.C.到歐趨，十幾分鐘時間，像經過時光隧道一樣，從20世紀的繁華大都會踏進17世紀的歐洲古鎮。歐趨有免費觀光車(Trolley)，從地鐵站到市政府(City Hall)站下車，先至訪客中心(Visitor Center)。訪客中心位於建於1724年的「阮希之屋」(Ramsay House)內，紅牆白窗英國維多利亞式建築，是亞歷山

古蹟之旅

出訪客中心右轉是市政廳和美國最早的農夫市場。17世紀以來，附近農莊在這裡販賣他們的農產品，喬治‧華盛頓總統曾將凡農莊園的農產品運來銷售。至今每週六早上仍有70多家農場在此擺攤銷售。

沿市政廳後方Cameron St.西行，於N. Royal St.交叉口，有一棟1752年建造的兩層樓紅磚建築Gadsby's Tavern，它曾是一間小酒館，華盛頓總統、傑佛遜總統、麥迪遜總統和其他政治家們，常在此交際應酬。西行一個街口左側，一棟白色建築是華盛頓住過的老屋，紅磚步道依舊，空階苔痕如昔，時間彷彿

華盛頓總統做禮拜的教堂

歐趨的河邊碼頭，是遊客賞景的好去處

歐趙的華盛頓故居

魚雷工廠改成的藝術中心

凍結在18世紀的美國開國年代。

繼續往西是華盛頓每週日做禮拜的教堂Christ Church，英國喬治亞式建築，幾經翻修歷久彌新。西陽映照在典雅的紅磚白窗，顯得聖潔空靈。遙想當年，紅磚拱門下，肩負重責大任的開國領袖公務繁忙之餘，在此尋求與上帝的精神相會。

魚雷工廠變身藝術中心

波多馬克河邊碼頭旁是二戰時期美國海軍的魚雷生產廠，1974年亞歷山卓市將其改成藝術家工作室，大樓正面一張彩色鮮豔的魚雷射擊標靶，兩旁紅底白字寫著「魚雷工廠‧藝術中心」(Torpedo Factory, Art Center)。大堂陳列各種魚雷模型，牆上是魚雷工廠古老黑白照片，歐趙把武器生產廠變成藝術家工作室，是化戾氣為祥和的典範。

藝術大樓南邊是波多馬克河匯入契斯貝克灣的水天交接處。16世紀的歐洲船隻從大西洋經此進入波多馬克河，它是通往內陸必經之處。歐趙是1669年蘇格蘭商人約翰‧亞歷山卓（John Alexander）以6,000磅菸草及現金向威爾斯船長買下的，1749年維州政府以他的名字命名此市。

傍晚來此最羅曼蒂克，波多馬克河面籠罩著一片氤氳，晚霞染紅天際，景色像一幅立體的水彩畫。在這座歷史名城，漫步在華盛頓曾走過的紅磚步道上，18世紀裝潢的夜店傳出醉人的爵士音樂。時空交錯，不知今夕何夕。

波多馬克河上的觀光遊艇

紅磚鋪就的步道

凡農莊園
Mount Vernon

凡農莊園大門

http mountvernon.org

3200 Mount Vernon Memorial Hwy Mount Vernon, VA 22121

(703)780-2000

4～10月09:00～17:00，11～3月 09:00～16:00

聖誕節

62歲以上$19，成人12～61歲$20，兒 童6～11歲$10，5歲以下免費

從市區走I-395往南轉George Washington Memorial Pkwy往南， 約30分鐘車程

2～4小時

凡農莊園位於華府西南部，占地500英畝，於1758年開始建造，1860年對外開放。它是美國第一及第二任總統喬治・華盛頓成長及安息之處，也是他生前最喜愛的莊園。1783年起他就常住於此，他曾說：「美國沒有任何地方比這裡更讓我愉快……」（No estate in United State is more pleasantly situated than this......)這句代表他恬淡心境的話語，被銘刻在莊園入門處。

莊園歷史

凡農莊園最早只有2,000英畝，有6棟房屋，華盛頓陸續買下鄰近土地後，將它擴充為8,000英畝（32平方公里），21棟房屋。他1799年逝世後，繼承者因莊園占地遼闊，無力負擔維護費用而任其荒廢，其後產權幾度易手。1858年凡農婦女協會（Mount Vernon Ladies' Association）買下其中一部分，在聯邦政府協助下，整修還原建築及農場舊貌，又新建了一座博物

展廳中華盛頓宣誓就任總統的場景

一代偉人安息之處

展廳以彩色玻璃拼圖的華盛頓事蹟

館，1860年對外開放供民眾參觀。

環境介紹

正門是典雅樸素的庭園式建築，入門後是訪客大廳，中央有華盛頓夫婦帶著孫子孫女嬉戲的銅雕，牆上是華盛頓帶領獨立戰爭的幾個重要場景，及一幅斧頭棄於地，櫻桃樹被砍破了皮的玻璃彩繪。進入莊園是動物農場，飼養許多綿羊、牛群、還有一隻單峰駱駝。經過農場即見莊園主建築，左側以磚牆隔開一片開闊的菜園，種植蔬菜、水果及各種時令花木。

莊園建築有3層樓，1樓右側是華盛頓的書房及私人辦公室，中央是廚房及儲藏室，左側後方是精緻的

華盛頓夫婦和孫子孫女的雕像

餐廳，前面是一間有大玻璃窗，可容20、30個人的大廳，這裡是華盛頓卸任總統後招待訪客之處。門旁一間小屋是訪客的管家、車夫、僕人休息之處，後方是可將波多馬克河美景盡收眼底的寬廣遊廊。

2樓有5間客房，及華盛頓夫婦居住了41年的主臥室。樓上客房3間，客房現在看來稍嫌簡陋，曾經留宿過677位當時的達官貴客。

走出宅第西邊是馬廄及馬車房，再往西的一片樹林中是華盛頓長眠之處。墓園簡單樸實，世界各國的國王、領袖和首相都曾來此瞻仰。莊園有一處展示華盛頓一生事蹟的博物館，對歷史有興趣的訪客可在這裡多花點時間。

凡農莊園主建築

旅行小抄

享年67歲的華盛頓總統

1799年12月12日晚，華盛頓在風雪、冰雹及凍雨的寒冷天氣中、騎馬巡視莊園數小時歸來，他又累又冷又餓，沒換掉濕衣服就先吃了晚飯。

第二天醒來他喉嚨疼痛，連連咳嗽，情況越來越嚴重，緊急趕來的醫生沒能將他醫治好，次日晚十時他在主臥室去世，享年67歲。人生無常，生命何其脆弱，即使一世英雄也無法戰勝病魔。

國家航太博物館斯蒂芬中心
National Air & Space Museum, Steven F. Udvar-Hazy Center

展出超大型航空器的航太中心

http airandspace.si.edu/udvar-hazy-center
✉ 14390 Air and Space Museum Pkwy, Chantilly, VA 20151
☏ (703)572-4118
⏰ 每天10:00～17:30
$ 門票免費,停車$15
➡ 地鐵銀線／Wiehle-Reston East站／出站轉983號公車至航太博物館站
⏱ 4～6小時
MAP

華府的國家航太博物館有兩處,一處在國家廣場旁的博物館區,是世界最大也是人氣最旺的航太博物館。另一處是2003年開放,位於維州杜勒斯機場附近秦堤里市(Chantilly)的斯蒂芬中心。

斯蒂芬航太中心展示空間寬廣,展出數以千計各種航空太空飛航器。它的三大鎮館之寶是因電影《變型金剛》(Transformer)而出名、洛克希德公司製造的SR-71黑鳥(Lockheed SR-71 Blackbird),法航的超音速客機協和號(Concorde),及除役的發現者號太空梭(Space Shuttle Discovery)。

進入斯蒂芬中心,首先看到巨大詭異的SR-71黑鳥,它黑色鍍鈦機身不反射信號,可躲避雷達偵測,也便於夜間飛行。黑鳥長32.2公尺、翼寬17.2公尺、離地高5.32公尺、總重量2萬7千公斤。它締造世界最高和最快的飛航紀錄,高度26,371公尺,速度每小時3,530.83公里(3.2馬赫),至今還沒被打破。

主展廳有5、6層樓高,左邊的歷史性航空器是法航的協和號客機,它最高航速2.2馬赫,飛航高度18,600公尺,鼻錐可做水平5～12.5度調整,和黑鳥一樣,它可做長時間超音速飛行。協和號是1960年代

穿著太空裝的太空人模型

大展廳

法國協和號超音速客機

法國設計，企圖和波音公司一較長短的長程客機。可惜2000年7月25日，一架從巴黎飛往紐約的協和號在起飛後失事，全機乘員109人無一倖存。雖然它停飛檢查，並在2001年重啓飛行，但經濟壓力及龐大的維護費用，終使它在2003年停止營運。

主展廳後方是展示太空梭的超大展覽館，除役的龐大「發現號」（Discover）太空梭占據整個空間。太空梭雄偉壯觀，雖經修復，仍留下返回地球時高溫灼燒過的許多陶瓷隔熱片，焦黑斑剝的痕跡訴說著它的輝煌歷史。發現號右翼下方揭開一塊，讓深藏在內的機器線路一覽無遺。展廳四周是各種太空裝的展示櫃，太空人在太空活動時，服裝內是人類生存環境，幾公分外則是接近眞空的太空環境，太陽照射的太空裝表面溫度高達200多度，照不到太陽處零下70、80度。太空裝保護太空人，它只要有一絲漏縫，太空人就會像吹飽氣的氣球被針刺了一樣，爆炸成恆古長存的太空粉塵。

展廳左側有二戰時在日本投擲原子彈的B-29重型轟炸機，旁邊是環繞地球一周不著陸的太陽能無人機，及全世界最小的單人直升機。左側有二戰時英國和德國的空軍戰機，日本的零式戰機、俄國早期的米格15戰機、及美國的F-14（Tomcat）戰機等。

吊在半空，掛在牆上，擺置地面，航太博物館斯蒂芬中心各式各樣的航空器等著你來觀賞。

航太博物館斯蒂芬中心外觀

發現號太空梭

各階段不同設計的太空裝

SR-71黑鳥

179

大瀑布國家公園
Great Falls National Park

美國第一條繞過咆嘯莽龍的人工運河

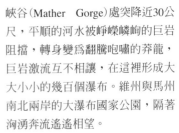

- http nps.gov/grfa
- ✉ 11710 MacArthur Blvd., Potomac, MD 20854
- ☎ (703)757-3101
- ⏰ 每天07:00～日落後半小時，訪客中心10:00～16:00
- 休 聖誕節
- $ 入場券每人$3，停車費一輛$5
- ➡ 首都外環道I-495至41號出口，沿Clara Barton Parkway，在MacArthur Blvd左轉，終點即達公園入口
- ⏱ 4～6小時

大瀑布國家公園訪客中心

大瀑布國家公園在波多馬克河畔，是距華府最近的國家公園。波多馬克河從阿里恩山脈（Allegheny Mountains）婉轉而下，300多公里的水陸匯集了兩岸的充沛水量，到馬里蘭州的懷特渡口（White's Ferry）時，已形成寬數百米的澎湃大河。再往東不到兩公里，河床在馬特峽谷（Mather Gorge）處突降近30公尺，平順的河水被崢嶸嶙峋的巨岩阻擋，轉身變為翻騰咆嘯的莽龍，巨岩激流互不相讓，在這裡形成大大小小的幾百個瀑布。維州與馬州南北兩岸的大瀑布國家公園，隔著洶湧奔流遙遙相望。

進入馬州的大瀑布國家公園，路旁平行著一條7、8米寬的小河，它是美國第一條人工運河。美國建國初期的領域在大西洋沿岸，首都西邊阿巴拉契山系（Appalachian Mountains）支脈，標高1,482公尺的阿里恩山脈橫梗西邊，阻斷了美國往西的發展。

美國第一任總統喬治·華盛頓在獨立戰爭結束後，認識到經水路沿波多馬克河西行，是打通美國東

拉船完畢，兩騾下班

運河船閘

運河，客船，旅店

準備上梯的客船

升高一階的客船

部到中部廣大俄亥俄河水域（Ohio River Area）的捷徑，可讓美國領土向西延伸。

這個構想實行不易，波多馬克河這段落差30多公尺險灘區，魚繁難渡，遑論舟楫。於是決定建造一條人工運河，繞過這段凶險，把船送上山。運河於1785年開工，1802年完成。運河有5個船閘（Locks），將船隻分段上下運送。

運河通行後，數以千計的船隻載運麵粉、威士忌、菸草、鐵礦砂等順流而下，往西的船隻則運送布匹、工具、火藥、兵器等工業產品，東西運輸，豁然暢通。

避開假日的擁擠遊客，可輕鬆漫步於船閘、管理處、旅店等古蹟。運河旁一艘彷古客貨船「查理斯．莫瑟號」（Charles F. Mercer）。它上層是客艙，下層是貨艙，上下行靠2匹健騾拉遷。當年上下10餘天航程，旅途雖辛苦，但沿途風景如畫。如今夏日週末，可乘觀光船體驗客船上下船梯的感覺。

過了運河遺蹟，沿著七彎八拐的人行棧道，經過河道中島嶼的激流，幾分鐘後，大瀑布區的大小瀑布赫然展開在眼前。落差大的瀑布，水流湍急如萬馬奔騰。涓涓細流，則如含羞少女的喃喃細語。寬闊處，瀑布一洩千丈。狹窄處驟然衰落，悽然無力。河道上空藍天白雲，幾隻蒼鷹盤旋高空，遠方天際墨綠一片，覆蓋穹空大地。大瀑布國家公園精華盡出，以天地為舞台演出一齣浩大的瀑布交響曲。

大瀑布全景

大瀑布途中一段

安納波利斯市&美國海軍學院
Annapolis & U.S. Naval Academy

美國海軍學院

usna.edu

121 Blake Rd., Annapolis, MD 21402

自駕，經DC495環道在19A出口轉US-50E至24A出口，經Rowe Blvd.至Blake Rd.即達

4～6小時

海軍學院訪客中心

馬里蘭州首府安納波利斯市成立於1649年，占地18.6平方公里，位於華府東方約50公里，是華府大都會生活區的一部分。它是美國的歷史名城、世界航海都會、契撒皮克灣藍蟹（Chesapeake Bay Blue Crab）集中地，也是太空人的搖籃——美國海軍學院所在地。跨過契撒皮克灣大橋往西，可抵達浩瀚的大西洋海濱。

1845年成立的美國海軍學院博物館，是來到安納波利斯的必訪之地。美國第11任總統詹姆斯‧波爾克（James K. Polk）在1849年指示，將海軍蒐集的歷史旗幟交由新成立的海軍學校保管及展示，是博物館最早的蒐藏。其後海軍將各種具歷史價值的物品運送至此，包括戰爭紀念品、勘探、調查、探險紀錄、大使館和海軍蒐集的藝術品等。

1922年它接收了波士頓海軍圖書館的大量蒐藏，更豐富了內容。蒐藏品中最珍貴的是從1514年到二次世界大戰之間，描繪歐洲和美國海軍歷史的6,000張印刷品，及世界上最精緻的船舶模型。

博物館所在的美國海軍學院，位於塞文河（Severn River）在契撒皮克

學院內教堂大廳

寬廣的紀念大堂，左側為獻給為國捐軀校友的紀念碑

博物館中各種古戰船模型

吉米・卡特（Jimmy Carter）、一位諾貝爾獎得主，及超過50名太空人等。另有一個美國馬里蘭號軍艦（USS Maryland, BB-46）的模型、及一間介紹美國海軍之父約翰・保羅・瓊斯（John Paul Jones）生平及歷史的展室。

除了海軍學院之外，沿市區主街兩旁有一家接一家的海鮮餐廳，可品嘗東海岸有名的藍蟹，碼頭區停泊各式各樣遊艇，可仔細欣賞。

灣的出口處，是美國5個4年制軍事院校裡第二古老的學院。它創建的目的在為美國海軍、海軍陸戰隊、及海岸防衛隊培養優秀軍官，目前學生人數超過4,500名。校園占地338英畝，包含許多歷史遺跡，古建築和紀念碑，是國家歷史地標。

從一號門進入學院後是訪客中心，可觀賞一段簡介學院的12分鐘短片，牆上介紹傑出校友：前總統

太空宇航員校友

旅行小抄

海軍學院內的知名景點

班克羅夫特廳（Bancroft Hall），它是學院內面積最大建築，也是世界最大的學生宿舍，其中紀念廳（Memorial Hall）及入口處的圓廳（Rotunda）對公眾開放。

學院教堂（Chapel）位於賀爾敦（Herndon）紀念碑對面，它高聳圓屋頂全城可見。1995年美國郵政總局曾以它為圖，發行海軍學院成立150週年的紀念郵票。美國獨立戰爭時期最知名的海軍指揮官，後來被譽為美國海軍之父的約翰・保羅・瓊斯葬於此教堂的地下墓穴。

學院教堂遠觀

護國寺鐘（Gokoku-ji Bell）是帶領美國艦隊，迫使日本對外開放的馬修・佩里（Matthew Perry）將軍，於1855年從沖繩護國寺帶回的(該事件日本稱之為「黑船叩關」)。原鐘於1987年歸還日本，目前放置在班克羅夫特廳前的是複製品。

1855年從日本沖繩帶回的護國寺鐘

仙納度國家公園
Shenandoah National Park
美如仙境的國家公園

nps.gov/shen
3655 U.S. Highway 211 East, Luray, VA 22835
(540)999-3500
訪客中心、食宿、露營區開放時間各異，請上網查詢Plan Your Visit
每車每週$25，個人門票每週$10，露營地每晚$15～20
自駕，從D.C.沿66號公路西行，轉55號公路南行，行程約1.5 hr
1天
MAP

開露營車來仙納度國家公園的旅客

位於維吉尼亞州，1935年成立的仙納度國家公園，距華府只有90分鐘車程，因位置便利，是華府最理想的度假聖地。公園西南邊與仙納渡河和山谷平行，東邊是維吉尼亞山脈綿延起伏的丘陵，南邊可達北卡州，到喬治亞州的亞特蘭大市（Atlanta）。國家公園呈狹窄長條型，夏季青山疊翠，滿眼蒼綠，適合健行露營；秋天紅楓遍谷，落紅如雨，可欣賞楓紅詩意。

仙納度國家公園占地廣達19萬7千多英畝，公園內有超過804公里長的步道，包括維吉尼亞州藍岭山脈（Blue Ridge Mountains）的一部分，沿著山脊169公里長的天際線公路（Skyline Drive），中途有許多觀景台可以觀賞兩側壯麗風景，最高峰的浩克貝兒山（Hawksbill Mountain），雖然只有1,235公尺高，近可俯覽山丘起伏，遠望沃野千里，氣勢不凡。

阿巴拉契步道

從喬治亞州到緬因州，橫跨14個州，總長度3,498公里的世界最長步道「阿巴拉契步道」（Appalachian

夏天冰涼甘甜的溪水

陵線縱走

Suburbs

公園內露營區

公園內天際線美景

Trail），其中162公里的一段穿過仙納度國家公園。這條步道經過3,000公尺高山，奔放的溪流，濃密的叢林，平原農莊等，走完全程約180天，平均每天要走20公里，每年夏天都有絡繹不絕的健行者，挑戰這條步道。仙納度國家公園有790平方公里的自然保護地，阿巴拉契步道行經保護區內，每隔10多公里設有宿營地。來此露營或健行需自帶生活用品及食物飲水，並遵守「不留痕跡」（Leave No Trace）規定，離開時掩埋垃圾，保持營區衛生，食物需掛在樹上，避免野獸掠食，也提醒要注意經常出沒的熊、毒蛇、野狼等野生動物。

適合露營與生態觀察

露營每個人都愛，國家公園內有5個大型露營區，夏天全家大小可來此共度週末。露營區附近有許多小溪和瀑布，炎熱夏天，浸泡在清澈見底的冰涼溪水中，可一消暑氣。公園裡很多野生動物，哺乳類有黑熊、土狼、臭鼬、浣熊、河獺，土撥鼠、狐狸，白尾鹿和野兔。鳥類超過200種：包括貓頭鷹、山雀、紅尾鷹、獵鷹和野火雞等。溪中有鱒魚、黑眼鱈魚和藍頭魚等魚類。公園管理處提醒，鹿、熊和其他野生動物都很害羞，看到時要安靜觀賞，不要驚動也不要餵養牠們。

除健行露營外，公園附近有美東最大的羅瑞地下溶洞（Luray Caverns），和距I-81公路只幾分鐘的仙納度溶洞（Shenandoah Caverns），地下溶洞裡鬼斧神工的石筍和鐘乳石，美麗壯觀的令人不敢置信。自己駕車來華府旅遊，可花一天的時間，探訪這處景色像仙境一樣優美的國家公園。

公園內日落黃昏

羅瑞溶洞
Luray Caverns
大自然的鬼斧神工

http luraycaverns.com
✉ 101 Cave Hill Rd., Luray, VA 22835
☎ (540) 743-6551
⏱ 導覽團每天09:00開始,最後一團4/1
～6/14為18:00出發,6/15～勞工節
19:00出發,勞工節～10/31為18:00出
發,11/1～3/31為16:00出發(周末
17:00出發)
💲 62歲以上$23,成人$27,6～12歲兒
童$14
➡ 從D.C.沿66號公路西行,轉340號公
路南行,行程約1.5小時
⏳ 2～4小時
MAP

小山坡上的羅瑞溶洞建築

石和石筍組成的壯麗地下宮殿,漸
行漸深,美東最大的溶洞系列,一
幕幕如史詩般展開在他們眼前。今
天的羅瑞溶洞,每年有數百萬遊客
在柔和的燈光下,踏著高底起伏的
彎曲步道,驚訝地欣賞大自然神奇
的精雕玉琢。

鐘乳石與石筍的世界

小山坡上一棟普通建築,客廳後
的一個入口,幾十層梯階往下,瞬
間即從人間走入地下宮殿。第一個
歎為觀止的是一汪晶瑩剔透鏡面似
的池塘,千百大小鐘乳石垂掛其
上,倒映水面,上下交征,分不清
真假虛幻。

還沒回過神,映入眼中的是窗簾

發現於1878年

1878年8月13日早晨,羅瑞西邊
小山丘一個地洞內吹出的寒風,
吹熄了安德魯·坎貝爾(Andrew
Campbell)手持的蠟燭。重新點亮
後,他和4位伙伴震驚地發現了一
個大自然6百萬年的傑作——鐘乳

玲瓏寶塔鐘乳石林

別有洞天的洞中洞

如幻似真的鏡面反映池

數百萬年演變所成

地質學家說美洲、歐洲及非洲本是一大陸板塊，6百多萬年前大陸板塊漂移，使三板塊分離。現在的阿巴拉契山脈原本覆蓋在海洋下，4百萬年前海洋下降，陸地上升，遂露出水面。羅瑞溶洞是數百萬年海洋及地底河流的侵蝕，一點一滴溶蝕形成。

大小洞穴鐘乳石，有的像排列整齊的佛手瓜，有的像上下倒掛章魚爪，有像一縷縷重疊髮辮，有像一層層摺疊窗簾，有堆積的高大鹽山，有幾萬年難分難捨的情侶。最賞心悅目的是一處擁有世界最大鐘乳石樂器（Great Stalacpipe Organ）的大廳，專家在3.5英畝鐘乳石林，取得鐘乳石的諧振音調，以遙控輕敲擊槌，演奏世界名曲。目前現場演奏已取消，但大廳播放的演奏錄音仍足以蕩氣迴腸。

溶洞內，時間被以2公分100多年的速度極端放緩，隨處可見小水滴「噠」的一聲滴下，所含極微量半透明鈣質，讓鐘乳石繼續成長。幾萬年後的參觀者，會更驚訝地看到比現在更壯觀的奇景。

似的溶岩帷幕，從數十公尺高處整面垂下。鐘乳石由滴水形成，水滴掉落前，所含的微量鈣質累積在岩石尖，每120年增長約兩公分。這片鐘乳石超過一萬年，人的一生對它只是電光火石的剎那，站在數萬年形成的鐘乳石及石筍前，只覺人的渺小。

另一邊是許多粗大的鐘乳石圓柱，下往上增長的石筍，像玲瓏寶塔層層堆疊，上面往下延伸是鐘乳石，變成垂繩似的巨柱，上下同時努力，萬年後接成一氣，然後慢慢增胖，又過幾萬年，終成直徑4、5公尺讓人瞠目結舌的巨大象腳。如果鐘乳石是藝術品，這是藝術的極品，只能讚佩自然的神奇偉大。

世界最大的鐘乳石樂器

漂浮著許多紙鈔的許願池

蘭卡斯特
Lancaster
阿米希人的家鄉

阿米西人農場的騾子

■ 蘭卡斯特遊客中心
 discoverlancaster.com
☒ 501 Greenfield Rd., Lancaster, PA 17601
☏ 1-800-723-8824
➡ 自駕，由華府外環道I-495往北，轉I-95往北，經Baltimore轉I-695往北，經I-83往北，於York轉US-30東，約6英里即達蘭卡斯特市。亦可從聯合車站搭乘美鐵至Lancaster Station
⌛ 1天
MAP

　　不論文明進程的快慢，走的有多遠，屬於大自然的人類，內心或早或晚，或深或淺，總會浮現出「不如歸去，田園將蕪」的念頭，無奈世俗深陷，人很難從物質文明中解脫。令人不可思議的是，居然有少數分布在美國及加拿大的阿米希人（Amish），基於宗教傳統，拒絕科技文明，雖處世界最先進國家，仍過著最接近自然的簡單生活。

　　距華府最近的阿米希人聚居地是東北方開車約2小時的賓州蘭卡斯特市。蘭卡斯特市的訪客中心門口，展示一輛阿米希人使用的典型馬車，進門提供導遊地圖及印刷精美的畫冊。訪客中心也是紀念品店，販售阿米希人製作的手工藝品，有純手工的花格被套、頭巾、毛毯、圍裙等。

　　阿米希人每2週的週日，輪流到教徒家中聚會做家庭禮拜，敬拜上帝。他們沒有汽車，不用電力，沒有電視機、電烤箱、電冰箱、電腦、網路等電器設備。農活或交通工具用馬或馬車，取暖用煤氣爐，洗衣靠太陽晒乾。阿米希人家裡寬

訪客中心前的馬車

阿米希人編織的各種籃子

各式各樣的阿米希人手工藝品

阿米希人製作的有機果醬

樸實的阿米希人教堂

敞整潔，家具用品簡單實用。不是親眼目睹，很難相信世界上還有這種被凍結在早期農業社會的村鎮。

簡單生活，互助共生

阿米希人生活在信仰堅定的宗教團體中，自辦最高8年級的學校。上完8年級後學習生活技藝不再升學，他們認為更高的教育會擾亂人心，使他們離上帝更遠。日常生活中男人穿白襯衣、翻領外套、寬鬆吊帶褲、黑襪黑鞋，戴寬邊帽，婚前不留鬍鬚，受洗後可留鬍鬚，所以男人都是絡腮滿面。女人穿純色連身裙，罩以披肩和圍裙，不允許剪頭髮，長髮在腦後打一個髮髻，用單色祈禱頭巾遮蓋，戴下額繫帶

旅行小抄

阿米希人的歷史與人口

阿米希人是1693年從瑞士基督教門諾教派（Mennonite），雅各布·阿曼（Jakob Ammann）帶領的信眾從耶穌教分離出來的。18世紀初期，阿米希人為逃避歐洲連年戰爭、宗教迫害、及日益增加的賦稅，移民到美國。目前北美有30多萬阿米希人，大部分集中在俄亥俄州，少數在伊利諾州、印第安納州、賓夕法尼亞州、紐約等地。也有約1,500人住在加拿大安大略省東南部。

的寬邊帽，不佩戴首飾或花俏衣裙。

阿米希人生活在「人人為我，我為人人」的群體生活中，一家蓋房，四鄰幫忙，播種收割，全村動手。這種封閉的生活習慣和宗教傳統，讓他們遠離現在文明衍生的罪惡，過著悠閒和平的生活。訪客中心近旁有一家大型好市多（Costco）超市，停車場旁有阿米希人專用的馬車停車場，汽車馬車並陳，幽默感十足。超市走出大鬍子阿米希男人和著傳統服裝抱著娃兒的女人，男人套上馬車，「噠噠……」的馬蹄聲中揚長而去，愣在旁的我，好久才回過神來。

阿米希人代表人類希望脫離物質文明，回歸自然的樸實信念。這個宗教團體的現實存在，值得陷於貪婪和慾望的眾人深思。對他們生活方式和傳統文化有興趣的訪客，可前往一遊。

駕著馬車去趕集的阿米希人

國家水族館
National Aquarium
世界第三大水族館

- http aqua.org
- ✉ 501 E Pratt St. Baltimore, MD 21202
- ☎ (410)576-3869
- 🕐 09:00或10:00開館,閉館時間各有不同,請上網查詢
- 休 聖誕節
- 💲 65歲以上$34.95,成人$39.95,3～11歲兒童$24.95
- ➡ 從聯合車站搭美鐵至Baltimore Penn Station,轉紫線地鐵至Pratt Street站下車東行6分鐘
- ⏱ 1天
- MAP

購票處的人潮

1981年開放的馬里蘭州巴爾的摩市的國家水族館,是兼負水生動物教育及保育功能的非營利機構。它蒐集超過750個水生動物族系,近兩萬種漁類、鳥類、兩棲類、爬行類及哺乳類動物。展覽館中最熱門的是熱帶雨林館、大西洋珊瑚礁館、鯊魚館、水母特展廳、澳州海洋生物館等,及一個4D電影放映廳。每年參觀人數超過150萬人,曾被旅行頻道(Travel Channel)票選為全美最佳5大水族館之一。

國家水族館在巴爾的摩內港的第3和4號碼頭分別有一個展覽館。3碼頭展覽館有5層摟,有兩個飼養各種珍希魚類的大型魚缸,及一個模擬大西洋的珊瑚礁區。4號碼頭展覽館有海洋哺乳類動物展館、水母特展廳、澳洲展覽館、及一個大型的室內海豚表演場等。

3號碼頭展覽館1樓進門是一個儲水量26萬5千加侖,模擬太平洋岩礁的海洋生物棲息地,有黑鰭礁鯊、活珊瑚、綠海龜等65～70種海洋生物。2樓展出馬里蘭州從阿勒格尼山脈(Allegheny Mountains)的小溪、沼澤地、海灘,到大西洋沿岸的水生動物。3樓的「適者生存的海岸生物」(Surviving Through Adaptation)展覽館,展出許多為適應環境而改變的奇特海洋生物,

掛空中模仿魚群的空間藝術品

展廳中央的環形魚缸

豚，有定時的表演，可近距離觀察海豚訓練、餵食、或與牠們互動。水母是環境變化敏感的動物，可作爲生態系統變化的早期警告信號，「水母入侵，海洋不平衡」（Jellies Invasion, Oceans Out of Balance）展館有9種水母，可監視海洋污染、季候變遷、外來物種入侵等狀況。

如放出高壓電的電鰻、有毒鬚的水母、巨型太平洋章魚、帶毒刺的魟魚等。摸擬海灘區有兩個觸摸池，可實際摸到馬蹄蟹、水母、黃鯛魚、貝殼、海螺等。4樓是太平洋珊瑚礁、海岸礁岩、海藻叢林、水生動植物等展廳。5樓爲模擬熱帶雨林的展廳，有觀鳥台及許多玻璃覆蓋的洞穴，可看到隱藏在內的爬行動物、兩棲動物和節肢動物。模擬大西洋珊瑚礁區有500多種棲息生物，及一個養育鯊魚的展廳。

各種魚類棲息的圓形魚缸

1990年建成的4號碼頭展覽館有哺乳類動物展館，及一個儲水量130萬加侖的水池，是大西洋寬吻海豚的家。海豚展廳養了8隻海

旅行小抄

巴爾的摩港順遊

巴爾的摩港口內港有許多大小船艦。水族館旁停泊的一艘二戰時期美國海軍潛水艇絕對值得一看，其內部複雜的魚雷武器系統、水底偵測系統、動力推進系統、升降控制系統等，令人一開眼界。

表演即將開始

放演4D影片的劇院

澳洲的野生動植物

華盛頓D.C.旅遊黃頁簿

Travel in Washington D.C.

遊客在行程上所需要的所有資訊盡皆囊括其中，讓行程規劃得更爲完整，確保旅遊的平安與舒適。

前往與抵達
DEPARTURE & ARRIVAL

簽證

台灣於2012年10月2日加入美國的免簽證計畫（Visa Waiver Program，簡稱VWP），符合規定的台灣護照持有者，無需簽證可入境美國達90天。免簽證計畫的詳細內容可參考美國在台協會網站「非移民簽證」網頁。不論有簽證或符合免簽證計畫資格者，在入境美國時移民官有權核准入境期限，或拒絕入境。

持有有效期6個月以上的中華民國電子晶片護照者，欲入境美國不超過90天，需在至少72小時之前，透過旅行授權電子系統（Electronic System for Travel Authorization，簡稱ESTA）申請免簽證入境美國。

可透過代辦網站代爲提出ESTA申請，會收取額外費用，且可能個資外流，建議直接至美國海關及邊境保護局（CBP）網站申請（🔗 esta.cbp.dhs.gov/esta/esta.html）。進入網站後，先在右上角變更語言，選擇「中文」，再點擊「新申請」（New Application）欄框。閱讀下方相關規定後，點擊「個人申請」（Individual Application）欄框。以護照資料爲準填寫申請資料，有星號「＊」者是必填欄位。填完送出後，記下申請號碼，以利追蹤。網路付款完成後，可再確認申請狀況。

ESTA只適用符合免簽資格的申請人。非移民因其他原因赴美時間超過90天者，需填寫DS-160表申請

非移民簽證。需要申請哪種簽證，可至美國在台協會網站「非移民簽證服務」單元查詢。

ESTA授權許可的有效期限通常是2年，或護照有效期，以二者較早者爲準。換新護照、更改姓名或國籍者須重新申請。哪種狀況須重新申請，可點入ESTA的「協助」（HELP）欄位查詢常見問題（Frequently Asked Questions）。

全球入境計畫

2017年11月美國對台灣旅客的全球入境計畫（Global Entry，GE）開始實施，通過審核成爲會員的台灣旅客，入境美國時可利用GE自助式查驗電子通關設備，免排隊快速通關。計畫申請流程如下：

Step 1
申請「警察刑事紀錄證明書」

有戶籍中華民國國民須先至各縣市警察局申請「警察刑事紀錄證明書」（俗稱「良民證」），證明期間須爲「全部期間」。

Step 2
登錄及繳費

於「警察刑事紀錄證明書」核發日期起1年內，至美國「全球入境計畫」（Global Online Enrollment System，GOES）網站登錄申請資料及繳費。

Step 3
預約面談

CBP通知申請人通過個人資料審查後，申請人須至GOES網站預約面談時間，並至美國CBP註冊中心接受面談。面談通過後，將取得5年會員資格。

Step 4
每2年複查

CBP於GE會員資格有效期內，每2年重新檢視會員是否符合「全球入境計畫」之低風險旅客資格，若拒絕或未通過審查，將喪失會員資格，請參考CBP申請網站。

🌐 www.cbp.gov/travel/trusted-traveler-programs/global-entry/how-apply

美國在台協會
台北辦事處
🌐 www.ait.org.tw
✉ 台北市大安區信義路三段134巷7號
📞 (02)2162-2000

高雄辦事處
✉ 高雄市前鎮區成功二路88號5樓
📞 (07)335-5006

航空公司

台北飛華府須轉機，可經日本，或美國洛杉磯、舊金山、芝加哥、紐約轉機，全程約在19～28小時之間。國際航線安檢程序較複雜，最好提前3小時到機場，美國國內航線2小時前到機場即可。有以下航空公司可供選擇：

中華航空 🌐 www.china-airlines.com
聯合航空 🌐 www.united.com
達美航空 🌐 www.delta.com
全 日 空 🌐 www.ana.co.jp
國泰航空 🌐 cathaypacific.com
長榮航空 🌐 www.evaair.com

海關

入境須填寫入境表格，其中包含個人資料及攜帶物品。若無申請自助式查驗電子通關，走一般入境程

序，移民官在入境時會核對身份，按指紋並拍照後，簽發准許入境期限。

移民官會詢問有沒有攜帶違禁品。注意不要冒險攜帶禁止入境的物品，被查到有可能被沒收，甚至被告上法庭。

攜帶現金不可超過1萬美元，如超過只要如實申報，並有合理的理由，就不會有問題，千萬不要暗藏，以免被沒收或罰款。

領取行李經過海關時，會被隨機抽查，抽到的機率很低，被抽到時須配合要求做開箱檢查。

貼心提醒

入境審查過程是很嚴肅的事，不要開玩笑，或有不規矩、不禮貌的行為。曾有旅客因兩手拿行李而用嘴咬住護照，被移民官認為不禮貌而刁難。美國歡迎國際遊客，英文不好不要怕，可要求提供翻譯服務。

政府單位

華盛頓D.C.台北經濟文化代表處
Taipei Economic and Cultural Representative Office

- ✉ 4201 Wisconsin Ave. NW, Washington, DC 20016
- 📞 一般事項：(202)895-1800
  緊急求助：(202)669-0180
- 🕐 週一～五09:00～17:00(美國及中華民國假日除外)
- 🌐 taiwanembassy.org/us
- @ usa@mofa.gov.tw

雙橡園 Twin Oaks

- ✉ 3225 Woodley Rd. NW, Washington, DC 20008
- 📞 (202)363-6855

機 場 與 交 通
TRANSPORTATION

機場

華府地區有三個機場，杜勒斯國際機場(Dulles International Airport，IAD)、雷根國內機場(Ronald Reagan Washington National Airport，DCA)及巴爾的摩華盛頓國際(Baltimore Washington International，BWI)機場。IAD是國際機場，地鐵尚未開通，需搭巴士轉乘到內市。DCA是國內機場，設有地鐵站，進市區最方便。BWI是國際機場，在北邊馬州巴爾的摩市，距華府較遠，但機票比較便宜。

機場聯外交通

從IAD進市區

國際航班大多在IAD落地，入境審查及領取行李後，有三種方式可進市區。

搭乘巴士轉地鐵：至地面轉運站(Grand Transportation)處搭5A巴士到維州柔斯林(Rosslyn)市及市內的L'Enfant Plaza站，此兩處都可轉乘地鐵，整個行程約45分鐘。也可至機場2E號門，搭乘981或983線巴士，在Wiehle-Reston East站下車，轉搭銀線地鐵到市區，整個行程約50分鐘。

搭乘Supper Shuttle：可直接到指定目的地，省掉拉著行李找路的麻煩。Super Shuttle售票處在機場出口地面轉運站的尾端。

- 🌐 supershuttle.com (可上網預約)
- 📞 免費預約專線 1-800-258-3826
- 💲 全程票價約$40

搭乘計程車：兩個人搭乘分攤車資比較划算，至D.C.市內車資約$60。可以利用以下電話叫車，或在機場攔車，也可利用Uber。

72-Washington Flyer Taxicabs Service
☎ (703)572-8294

從DCA進市區

國內航班大多降落在DCA，它是藍、黃線地鐵的一個站，搭地鐵是最經濟快捷的方式。

從BWI進市區

BWI距D.C.市區約60公里，有兩種方式可進華府。

搭乘巴士轉地鐵：到BWI國際航線出口搭201號大巴到紅線Shade Grove地鐵站，轉乘紅線地鐵到市區。大巴票價$5，行程約1小時，地鐵進市區約30分鐘。也可搭B30大巴至Greenbelt地鐵站，轉乘綠線地鐵到市區，行程約1小時。

搭乘Supreme Shuttle：24小時服務，可在售票櫃檯購票上車。

🌐 supremeairportsshuttle.com(可上網預約)
☎ 免費預約專線1-800-590-0000
💲 約$40

他城至華府

美國其他城市至D.C.可搭美鐵（Amtrak）到市區的聯合車站，連接紅線地鐵系統。班車時間及票價可查美鐵網站。🌐 amtrak.com

波士頓、紐約、費城可搭長途巴士到市區的聯合車站，紐約到華府車程約4.5小時。車班、票價及上車地點，可查詢各公司網站：

灰狗巴士 🌐 www.greyhound.com
Mega巴士 🌐 us.megabus.com
Peter Pan巴士 🌐 peterpanbus.com
Bolt巴士 🌐 www.boltbus.com

華府交通工具

地鐵系統

市內交通以地鐵最經濟便捷，地鐵系統有紅、橘、銀、藍、黃及綠等6條路線。票價視搭乘距離及時段而定，顯示於各地鐵站的售票機上方。

票種與票價：地鐵車票SmarTrip卡，有一次票卡（單次使用，價格依起訖站遠近不同）、沒有使用期限的多次票卡，及不限搭乘次數的1天（$14.5）、7天（$59.23）及28天（$237）票卡。每個地鐵站都有藍色的SmarTrip卡銷售機，及只能加值的黑色機。

購買SmarTrip卡步驟：藍色售票機面板有橘色圓圈標示1、2、3等三個功能區。

票卡選擇區

Step 1

於票卡選擇區按B「購買單張票卡」（Purchase Single Card）。

Step 2

螢幕顯示後，按B「購買價格」（Purchase Value）。

Step 3

於付款區插入紙鈔、硬幣或信用卡。

Step 4

於下方SmarTrip卡出口取卡。

SmarTrip卡加值步驟：

Step 1

將須加值的SmarTrip卡貼碰觸圓形SmarTrip Target處一次。

Step 2

上方螢幕會顯示卡片現有價值，按B「加值」（Add Value）。

Step 3

於付款區插入紙鈔、硬幣或信用卡，上方螢幕會顯示更新儲值。

Step 4

付款後將SmarTrip卡再次碰觸圓形SmarTrip Target，更新卡上的儲值金額（絕對不要忘了這個步驟，否則無法加值票價）。

地鐵資訊

🌐 wmata.com

🕐 各站開放時間週一～五05:00～00:00、週六～日07:00～02:00

❓ 因票價及時間經常調整，出發前請上網站查詢

地鐵失物協尋

✉ 6505 Belcrest Rd., Suite 500, West Hyattsville, MD 20782

📞 (202)962-1195；或於地鐵網站線上填寫失物報告單，30分鐘內會收到確認信及案件號碼

🕐 週一～五09:00～17:00(節日與假日除外)

地鐵站出入口標誌

路口的指路標示牌

地鐵站出入口電梯

Chinatown地鐵站內部

巴士

市內公車可連接地鐵到任何地點，車資可用SmarTrip卡支付，上車刷卡，下車不須刷卡。

🌐 wmata.com/service/bus(查詢行車路線、時間表、價格)

環線公車

環線公車行走市內各景點。紅線國家廣場路線(National Mall Route)繞行國家廣場四周15個景點，主要停靠各博物館、林肯紀念堂、傑佛遜紀念堂、二戰紀念碑等處。乘車每次$1，可用SmarTrip卡支付。

🌐 dccirculator.com (查詢公車路線與時間)

計程車

可利用電話叫車服務Yellow Cab Company of DC Inc.。

📞 (202)544-1212

💲 前1/8英里$3.25，每增加1/8英里$0.27，等待每小時$35

Uber

使用智慧型手機至Google App下載Uber應用程式，登記資料後，依指示以手機叫車。

🌐 www.uber.com/cities/washington-DC

✉ 7766 Marlboro Pike, Forestville, MD 20747

租車

租車必須持有台灣駕照及國際駕照，缺一不可。

Enterprise

🌐 enterprise.com

✉ 2730 Georgia Ave. NW, Washington, DC 20001

📞 (202)332-1716

🕐 07:30～18:00 (休假日除外)

Hertz

🌐 hertz.com/rentacar/reservation

✉ 99 H St. NE, Washington, DC 20001

📞 (202)289-6084

🕐 週一～五07:00～10:00，週六07:00～15:30，週日10:00～22:00

特色旅遊方式

共乘單車

參觀國家廣場周圍的景點，可利用共乘單車（Capital Bikeshare），節省時間和體力。有兩種價格，一種是單趟$2（使用不超過30分鐘），一種是每天$8（每趟不超過30分鐘）的24小時使用價格。

http capitalbikeshare.com

賽格威體驗

Experience the National Mall Segway Tour，站在賽格威風火輪上巡行國家廣場周邊景點，會是終身難忘的經驗。3小時的行程經國會山莊、國家美術館、白宮、城堡、國家檔案局、海軍紀念園區、華盛頓紀念碑、二戰紀念園區、林肯紀念堂等重要景點。票價$75，包括租用一台Segway風火輪、提供安全帽、指導風火輪操控方法及專職導遊。價格稍貴，但一生體驗一次也值得。

http citysegwaytours.com/washington-dc/
tours/national-mall-segway-tour

三輪車

從小就會唱的「三輪車，跑得快，上面坐個老太太…」，在國家廣場旁邊看到三輪車（Tricycle）時還真驚喜。走不動時，以三輪車代步，體驗一下兒歌裡的感覺，每趟在$10～20之間，別多給。

水上觀光遊艇

波多馬克河是華府的護城河，沿河有許多種不同的觀光遊艇可參觀喬治城鎮、國家碼頭、亞歷山卓市及凡農莊園等地。華府市區有水陸兩用的水鴨子（Rubber Duck）觀光巴士船，陸地遊覽市區後，直接開進波多馬克河，從河上欣賞市區，並停留沿河的觀光景點。觀光遊艇有許多路線可供選擇。

http potomacriverboatco.com/sightseeing-
tours/dcducks.com

水鴨子水陸觀光車(D.C. Ducks)

航行河上的平底遊艇

Travel Information

消費與購物
SHOPPING

飲酒限制

購買酒精飲料必須年滿21歲,需出示證件。公共區域不可持有已開罐的酒精飲料。

超市

華府有許多各具特色的超市,在超市購買麵包、鮮奶、雞蛋類食品,種類繁多價格便宜,也可體驗台灣沒有的DIY結帳系統。華人或韓國超市,可買到台灣料理及韓國泡菜類的食品。如果旅遊時間長,自己準備食物可省下很多餐費。華府地區常見超市及商品特色如下:

貨幣與匯率

貨幣單位:美元($)。

匯率:約30元新台幣兌換1美元。當日匯率請至銀行網站查詢。
rate.bot.com.tw/xrt?Lang=zh-TW

銷售稅

一般商品5.75%,酒精飲料另加9%。停車費加12%,飯店及租車加10%,旅館費加14%。

小費

計程車、機場搬運人員等約$1~3。有服務員的餐廳付餐費的10~20%,自助餐店則是用餐者每人$1~2。

旅遊黃頁簿

消費與購物

超市類型	名稱	商品及特色
美國超市	Giant	物美價廉、種類繁多的新鮮麵包、牛奶、雞蛋、冰淇淋、自製的蛋糕、小點心等
	SAFEWAY	
	Food Lion	
有機食品超市	Trader Joe's	含有「有機」兩個字,東西都貴20%以上。沒有基因改造的自然食品,吃得安心
	Dawson's Market	
	WHOLE FOODS	
華人超市	大中華	台灣及大陸地方小吃、零食、水果、速食麵、特產等。菜色豐富的熟食便當,滿足你的中國胃
	美新	
	中國城	
韓國超市	H Mart	韓國特色食品、水果、蔬菜、韓國熟食等
	Lotus Supermarket	
連鎖藥局	CVS	維他命、保健醫藥、醫療用品、處方箋配藥,有常駐醫護做簡單醫療處裡
	Rite Aid	
	Walgreens	
食品及生活百貨商場	Wal-Mart	大型的百貨超市,銷售生鮮食品、日常用品、廚具、服飾、化妝品、電器、兒童用品等應有盡有
	Target	
	Costco	
	Sam's Club	
電器商場	BEST BUY	銷售電視、電腦、手機、家電或周邊設備等電器產品的連鎖店
	MICRO CITY	

時差

華府位於美國東部時區,日光節約時間從3月第二週凌晨02:00～11月第一週日凌晨02:00,與台灣時差為12小時,這段時間,台灣晚上9點是華府當日的白天9點。日光節約時間之外與台灣時差13小時,即台灣晚上9點是華府當日早上8點。

氣候與衣著

華府氣候四季分明,夏天7月最熱,會熱到攝氏40度,冬季1月最冷,曾冷到攝氏零下20多度。11月到次年3月下雪,積雪可達1米。夏季和台灣一樣,只需短袖短褲,冬季須攜帶雪衣、防寒羽絨衣、毛帽、圍巾、手套等禦寒衣物,春天與秋天長袖加一件薄外套即可。

治安

華府市區內和國家廣場附近,不論白天、晚上,治安都很好。偏遠地區需注意安全,建築門窗有鐵欄杆的地區更要注意。華府安全部門提醒下列事項:
■不要接受不認識的人的包裹
■隨時看住自己的行李
■緊急狀況時接受警察指揮疏散
■對周圍狀況保持警覺,如有可疑狀況,可播報案電話(202)962-2121
■緊急電話911,一般報警電話311
■華府警局電話(202)224-5151

200

■國家公園警察局電話(202)619-7910

電器使用

110伏特,與台灣相同。

電話使用

出國前可在國內購買國際電話預付卡,或到美國後購買小額的電話預付卡。從美國打回台灣,打國際電話需先按011,再按國碼(台灣國碼是886),然後是地區號碼(城市碼前面的0不用撥,手機第一碼的0也不用撥)。例如太雅的電話是(02)2882-0755,從美國撥打方式為:011-886-2-2882-0755。若是手機0999-123-456,從美國撥打方式為:011-886-999-123-456。

在美國境內撥打電話,本地電話需先加區域號(華府電話區號202,維吉尼亞州703,馬里蘭州301)。長途先撥1,再加區號及電話號碼。例如:本地打電話至華府警察局是202-224-5151,跨州需加1。

行動電話預付卡

預付卡有多種選擇,可至各大美國行動電話網站查詢。

T-Mobile http t-mobile.com
AT&T http att.com
Verizon http verizonwireless.com/prepaid/#plan-info

假日與節慶
HOLIDAY & FESTIVALS

機構假日

　　美國沒有國定假日，只有國會依憲法授權制定的聯邦機構假日，各州通常採用聯邦假日加上州定假日為各州假日。聯邦機構假日如下：

假日	日期
元旦(New Year's Day)	1月1日與2日
馬丁·路得·金恩紀念日(Martin Luther King, Jr. Day)	1月16日
喬治·華盛頓誕辰紀念日(George Washington's Birthday)	2月20日
陣亡將士紀念日(Memorial Day)	5月最後一個週一
獨立紀念日(Independence Day)	7月4日
勞工節(Labor Day)	9月第一個週一
哥倫布日(Columbus Day)	10月9日
退伍軍人紀念日(Veterans Day)	11月10日
感恩節(Thanksgiving Day)	11月第四週週四
耶誕節(Christmas Day)	12月25日

重要節慶活動

一月 / 活動	內容	日期	地點
華府跨年(New Year Day in Washington DC)	迎接新年來臨	1日與2日	國會山莊及國家廣場周圍
旅遊博覽會 (Adventures in Travel Expo)	展示各種旅遊套餐和旅遊計畫，會見旅遊作家，及參加免費體驗活動	中、下旬	華府會展中心
國際摩托車展 (International Motorcycle Show)	展示世界各國摩托車、腳踏車、滑板和零配件	下旬	華府會展中心
華盛頓汽車展 (Washington Auto Show)	展出700多款新車型，現場娛樂表演，和新車贈品	約1月底~2月初	華府會展中心
二月 / 活動	內容	日期	地點
華人農曆年 (Chinese New Year)	各華人社團舉辦農曆年慶祝活動	約1月底~2月初	中國城及各地
巧克力愛人節 (Chocolate Lovers Festival)	享受巧克力的節日，表演巧克力製作，兒童活動，工藝秀等	上旬	Fairfax City, Virginia
情人節 (Valentine's Day)	浪漫的華府情人節，情人節大餐、巧克力、鮮花、禮物等	14日	市區

三月 / 活動	內容	日期	地點
法語系文化節 (Francophonie Cultural Festival)	華府主辦的世界上最大法語系國家節。以音樂、戲劇、電影、烹飪品嘗、文學、美術等瞭解法國文化	整個3月	活動詳情可至網站查詢 francophonie-dc.org
聖派翠克節遊行 (Saint Patrick's Day Parades)	慶祝愛爾蘭的聖派翠克節。愛爾蘭音樂、舞蹈、及愛爾蘭餐館和酒吧	上、中旬	華府、歐趟、Gaithersburg, MD
國家櫻花節 (National Cherry Blossom Festival)	華府迎春的第一個節日,數以萬計櫻花盛開。有遊行、風箏、音樂、煙火和文化活動等	15~16日	華府潮汐湖周邊及傑佛遜紀念堂前

四月 / 活動	內容	日期	地點
白宮復活節尋找彩蛋 (White House Easter Egg Roll)	白宮舉辦的復活節兒童活動,線上發放免費門票	上旬	白宮
史密森尼爵士樂欣賞月 (Smithsonian Jazz Appreciation Month)	爵士樂講習、音樂會等	整個4月	全市各地區
國家櫻花節遊行 (Parade of the National Cherry Blossom Festival)	包括軍樂隊、小丑、馬術、古董車、彩色氣球、舞蹈表演等	上旬週六	Constitution Ave. (Between 7th to 17th St.)
地球日 (Earth Day)	關懷地球自然生態、環境污染、城市綠化、水資源分配、食品衛生等課題	22日	華府,馬里蘭州和維州等地都有慶祝地球日的特別活動
國家數學節 (National Math Festival)	以提倡數學為主題的活動,包括演講、藝術、電影、表演、猜謎、遊戲、兒童讀物等	下旬週末	華府會展中心
白宮春季花園開放 (White House Spring Garden Tours)	參觀白宮美麗的花園,網路索取門票	第四個週末	白宮南北花園

五月 / 活動	內容	日期	地點
世界大使館之旅 (Around the World Embassy Tour)	非洲、亞洲、大洋洲、中東和美洲的大使館開放參觀	第一個週六	杜邦圓環附近大使館區
歐洲月 (Europe Month)	活動包括演講、研討會和講習、歐盟電影放映、音樂會和文化節目	整個5月	歐洲各國大使館
國家亞洲傳統節 (National Asian Heritage Festival)	現場表演、互動式活動表現美國亞裔文化傳統的節日	第三個週末	城中區

D.C.龍舟節 (D.C. Dragon Boat Festival)	華府華人婦女聯盟主辦，活動內容包括波多馬克河上的龍舟比賽、文化表演、藝術活動等	第三個週末	Thompson Boat Center, 2900 Virginia Ave. NW.
陣亡將士紀念日 (Memorial Day Weekend in Washington, DC)	華府的紀念陣亡將士活動，包括音樂會、遊行、重型摩托車遊行等	第四個週末	Constitution Ave. (Between 7th to 17th St.)

六月 / 活動	內容	日期	地點
華府民俗節 (Washington Folk Festival)	大華府民俗學會主辦的免費節日，有數百名音樂家、說書人、舞蹈家表演，及來自全球各國傳統文化展覽	第一個週末	葛蘭回聲公園 (Glen Echo Park)
D.C.爵士音樂節 (D.C. Jazz Festival)	可以欣賞100多場爵士樂表演	中旬	華府的音樂會場地和俱樂部
史密森尼民俗節 (Smithsonian Folklife Festival)	世界各地的文化傳統日，節日包括音樂、舞蹈表演、文化討論、藝品和烹飪示範，是華府最受歡迎的夏季活動	6月底～7月初	國家廣場

七月 / 活動	內容	日期	地點
獨立紀念日大遊行 (Independent Day Parade)	華府最盛大的遊行，有復古短笛隊、三軍儀隊、軍樂隊、馬術隊、老爺車、空飄大氣球等	4日	Constitution Ave. (Between 7th to 17th St.)
首都邊緣音樂節 (Capital Fringe Festival)	沒有歸類的特殊藝術節，包含140多場特殊音樂表演	6～30日	華府周圍多個場地
獨立紀念日華府煙火施放(Independence Day Fireworks)	慶祝獨立紀念日的夜間活動，入夜後施放燦爛煙火和爆竹	4日	國家廣場、馬州、維州附近

八月 / 活動	內容	日期	地點
蒙哥馬利縣農業博覽會 (Montgomery County Agricultural Fair)	包括家畜競賽和展示、家庭娛樂、農業和傳統食品展覽販賣	中旬	Gaithersburg, MD
馬里蘭文藝復興節 (Maryland Renais-sance Festival)	馬州一年一度的秋季節日，16世紀復古英國村莊，傳統的鐵甲武士戰鬥表演、工藝美術、美食、音樂、舞蹈、遊戲等	8月下旬～10月下旬	Crownsville, MD

九月 / 活動	內容	日期	地點
國家圖書節 (National Book Festival)	全國最大的圖書盛會，各大圖書公司精選書籍展售，100多位獲獎作家，插畫家、詩人，專題討論和簽書會	第一個週末	會展中心
D.C.藍調節 (D.C. Blues Festival)	免費的年度藍調音樂節日，包括許多全國最傑出的藍調音樂家表演	第一週	華府各表演場所
塔克馬公園民俗節 (Takoma Park Folk Festival)	各種遊戲，美食、手工藝、舞蹈和音樂的社區節日	上旬週日	華府Takoma Park
華府美食節 (Taste of D.C.)	華府最大的美食和飲料節日，80多個華府最好的餐廳提供美食及飲料品嘗，會見名廚、釀酒師等	第一個週末	RKF Stadium
國家西班牙文化遺產月 (National Hispanic Heritage Month)	美國慶祝西班牙語系文化和傳統的節日，展示西語系國家包括西班牙、墨西哥、中美洲、南美洲及加勒比地區特色	9月15日～10月15日	美國歷史博物館、印地安博物館、航太博物館等
羅克維爾古董車展 (The Rockville Antique & Classic Car Show)	展出500多種古典和古董汽車、也有歌星演唱及樂隊表演	中、下旬週末	Rockville, MD
華府國際馬術秀 (Washington International Horse Show)	奧運獲獎騎士表演、馬匹跳躍比賽、音樂、舞蹈等國際性特別展覽	下旬	華府 Verizon Center

國家圖書節

民俗節

國慶日

十月 / 活動	內容	日期	地點
萬聖節 (Halloween)	華府各地區入夜後的化妝大派對，喬治城是最佳聚會地點，各種造型化妝，大人比小孩玩的還瘋	10月 最後一天	各地區 城鎮中心

十一月 / 活動	內容	日期	地點
華府攝影慶典 (FotoWeekDC)	活動包括展出攝影比賽獲獎作品、畫廊開放、講座、研討會、投資評審、圖書簽名等	12～20日	國家地理 博物館
國家海港聖誕樹點燈 (National Harbor Christmas Tree Lighting)	展示65英呎高、裝飾20,000燈泡的聖誕樹，聖誕音樂、裝飾品等	中旬	國家碼頭 (National Harbor)
D.C.雞尾酒週 (D.C. Cocktail Week)	許多華府知名餐廳和酒吧提供特價雞尾酒和食物，品嘗新鮮食物，享受快樂時光	第三週	華府各參加此 活動餐廳

十二月 / 活動	內容	日期	地點
國家聖誕樹和和平之巔 (The National Christmas Tree and the Pageant of Peace)	白宮國家聖誕樹點燈儀式、現場音樂演奏及歌星表演	1日 18:00開始	白宮南邊公園
大都會烹飪與娛樂表演 (Metropolitan Cooking & Entertaining Show)	食品和娛樂的消費者活動，有150多家廠商參與	上旬	會展中心
聖誕老人滑水表演 (The Water-skiing Santa)	有聖誕老人滑水、飛行精靈、噴氣式滑水艇，及波多馬克河的水上表演	24日 13:00開始	亞歷山卓市 河邊

萬聖節

感恩節

聖誕節

個人旅行 *112*

華盛頓D.C.

作　　者　　安守中

總 編 輯　　張芳玲
發想企劃　　taiya旅遊研究室
企劃編輯　　林云也
主責編輯　　林云也
封面設計　　許志忠
美術設計　　許志忠
地圖繪製　　許志忠

太雅出版社
TEL：(02)2882-0755　FAX：(02)2882-1500
E-MAIL：taiya@morningstar.com.tw
郵政信箱：台北市郵政53-1291號信箱
太雅網址：http://taiya.morningstar.com.tw
購書網址：http://www.morningstar.com.tw

出 版 者　　太雅出版有限公司
　　　　　　台北市11167劍潭路13號2樓
　　　　　　行政院新聞局版台業字第五〇〇四號

總 經 銷　　知己圖書股份有限公司
　　　　　　台北：台北市106辛亥路一段30號9樓
　　　　　　TEL：(02)2367-2044／2367-2047　FAX：(02)2363-5741
　　　　　　台中：台中市407工業30路1號
　　　　　　TEL：(04)2359-5819 FAX：(04)2359-5493
　　　　　　E-mail：service@morningstar.com.tw
　　　　　　網路書店：http://www.morningstar.com.tw
　　　　　　郵政劃撥：15060393
　　　　　　戶　　名：知己圖書股份有限公司

顧問律師　　陳思成律師

印　　刷　　上好印刷股份有限公司　TEL：(04)2315-0280
裝　　訂　　大和精緻製訂股份有限公司　TEL：(04)2311-0221

初　　版　　西元2018年01月10日
定　　價　　360元
(本書如有破損或缺頁，退換書請寄至：台中工業區1號　太雅出版倉儲部收)

ISBN　978-986-336-213-5
Published by TAIYA Publishing Co.,Ltd.
Printed in Taiwan

編輯室：本書內容為作者實地採訪的資料，書本發行後，開放時間、服務內容、票價費用、商店餐廳營業狀況等，均有變動的可能，建議讀者多利用書中的網址查詢最新的資訊，也歡迎實地旅行或是當地居住的讀者，不吝提供最新資訊，以幫助我們下一次的增修。
聯絡信箱：taiya@morningstar.com.tw

國家圖書館出版品預行編目資料

華盛頓D.C.／安守中 作．
－初版，－臺北市：太雅，2018.01
面；　公分．－（個人旅行；112）
ISBN　978-986-336-213-5（平裝）
1.自助旅行　2.美國華盛頓特區
752.7239　　　　　　　　106017581

這次購買的書名是：

個人旅行：華盛頓D.C. (個人旅行 112)

＊01 姓名：＿＿＿＿＿＿＿＿＿＿ 性別：□男 □女 生日：民國＿＿＿ 年

＊02 手機(或市話)：＿＿＿＿＿＿＿＿＿＿＿＿＿＿＿＿＿＿＿＿

＊03 E-Mail：＿＿＿＿＿＿＿＿＿＿＿＿＿＿＿＿＿＿＿＿＿＿

＊04 地址：□□□□□ ＿＿＿＿＿＿＿＿＿＿＿＿＿＿＿＿＿＿

＊05 你選購這本書的原因

1.＿＿＿＿＿＿＿ 2.＿＿＿＿＿＿＿ 3.＿＿＿＿＿＿＿

06 你是否已經帶著本書去旅行了？請分享你的使用心得。

＿＿＿＿＿＿＿＿＿＿＿＿＿＿＿＿＿＿＿＿＿＿＿＿＿＿＿＿

＿＿＿＿＿＿＿＿＿＿＿＿＿＿＿＿＿＿＿＿＿＿＿＿＿＿＿＿

＿＿＿＿＿＿＿＿＿＿＿＿＿＿＿＿＿＿＿＿＿＿＿＿＿＿＿＿

很高興你選擇了太雅出版品，將資料填妥寄回或傳真，就能收到：1.最新的太雅出版情報／2.太雅講座消息／3.晨星網路書店旅遊類電子報。

填問卷，抽好書 (限台灣本島)

凡填妥問卷(星號＊者必填)寄回、或完成「線上讀者情報上傳表單」的讀者，將能收到最新出版的電子報訊息，並有機會獲得太雅的精選套書！每單數月抽出10名幸運讀者，得獎名單將於該月10號公布於太雅部落格與太雅愛看書粉絲團。

參加活動需寄回函正本(恕傳真無效)。活動時間為即日起～2018／06／30

以下3組贈書隨機挑選1組

放眼設計系列2本
(隨機)

手工藝教學系列2本
(隨機)

黑色喜劇小說2本

太雅出版部落格	太雅愛看書粉絲團	旅遊書王(太雅旅遊全書目)	線上讀者情報上傳表單
taiya.morningstar.com.tw	www.facebook.com/taiyafans	goo.gl/m4B3Sy	goo.gl/kLMn6g

填表日期：＿＿＿年＿＿＿月＿＿＿日

(請沿此虛線壓摺)

| 廣　告　回　信 |
| 台灣北區郵政管理局登記證 |
| 北 台 字 第 1 2 8 9 6 號 |
| 免　貼　郵　票 |

太雅出版社　編輯部收

台北郵政53-1291號信箱
電話：(02)2882-0755
傳真：(02)2882-1500
(若用傳真回覆，請先放大影印再傳真，謝謝！)

(請沿此虛線壓摺)

太雅部落格 http://taiya.morningstar.com.tw

有 行 動 力 的 旅 行 ， 從 太 雅 出 版 社 開 始

(請沿此虛線裁剪)